고사성어를
알면
중국사가
보인다

이나미 리쓰코 지음 | 이동철, 박은희 옮김

AK

일러두기

1. 중국의 인명, 지명 등은 한자음을 그대로 표기하였으며, 중요한 용어는 한자를 병기하였다.
   *인명
   　예) 사마천(司馬遷), 노자(老子), 채륜(蔡倫)
   *지명
   　예) 장안(長安), 항주(杭州), 임치(臨淄)

2. 본문 중, 역자 주로 표기된 것 외에는 모두 저자의 주석이다.
   *용어
   　예) 회맹(會盟, 각 지방 제후들이 모여 중대사를 결정하던 회합-역자 주)

3. 서적 제목은 겹낫표(『』)로 표시하였으며, 그 외 인용, 강조, 생각 등은 따옴표를 사용하였다.
   *서적 제목
   　예) 『십팔사략(十八史略)』, 『삼국지연의(三國志演義)』, 『홍루몽(紅樓夢)』

목차

제1장 「한번 엎지른 물은 다시 담을 수 없다」 ── 명군과 폭군의 시대　5
1. 오제 시대　6
황제, 포악한 반역자를 토벌하다 | 이상적인 군주, 요순 | 우, 치수의 공적으로 천자에
2 망국의 군주들　12
자애로움이 깊은 탕임금 | 주와 미녀 달기 | 고공단보의 세 아들 | 문왕 태공망을 찾아내다 | 권력에 영합하지 않는 삶의 방식 | 유교의 이상, 주공 단 | 되풀이되는 미녀의 망국

제2장 「오월동주」── 난세를 살아가는 모습　37
1 춘추오패　38
제의 환공 | 기적의 패자, 진의 문공 | "울지 않고 날지 않는" 초의 장왕 | 중간을 이은 패자, 송의 양공 | 진나라 약진의 기초를 다지다 | 오와 월의 전쟁
2 공자의 등장　62
대사상가의 생애 | 동행의 제자들 | 반전 사상가, 묵자
3 전국의 군상　72
질풍노도의 시대 시작되다 | 중원의 명군, 위의 문후 | 전국의 세상을 더돌아다니는 유세가 | 손빈의 복수극 | 제자백가의 거점 | 맹자의 생존 방식 | 순자와 한비자 | 연의 명장 악의
4 서방의 대국 진(秦)　93
효공과 상앙의 국가 개조 계획 | 소진과 장의 ── 세치 혀끝의 재주 | 중국사상의 황금시대 | 전국 사군의 활약 | 천하 통일을 향한 큰 물결 | "진기한 물건은 사 두어야 한다"

제3장 「물이 너무 맑으면 물고기가 살지 않는다」
── 통일 왕조의 출현　117
1 진의 시황제　118
냉혹한 진왕 정 | 불발로 끝난 암살극 | 시황제의 천하 통일 | 조고의 공프정치
2 초한의 전쟁　132
군웅할거의 난세 | 항우와 유방

3 전한과 후한 왕조 *142*
여후의 전횡 | 정치에 휘말린 만년의 무제 | 전한 왕조의 멸망 | 광무제, 후한 왕조를 세우다 | 서역에 생애를 건 반초 | 청렴결백의 사람, 양진 | 환관파와 청류파

제4장 「파죽의 기세」——영웅과 호걸의 시대 *169*

1 삼국분립 *170*
화북의 패자, 조조 | 유비의 전변 | 적벽 대전 | 삼국 분립 태세가 굳어지다 | 제1세대의 퇴장 | 제갈량의 북벌 | 사마씨와 죽림칠현

2 여러 왕조의 흥망 *194*
서진의 천하 통일 | 졸부 세 사람과 왕조의 쇠망 | 서진의 문학 | 동진과 낭야의 왕씨 | 대예술가들의 시대 | 환온과 사안 | 동진의 멸망 | 은둔의 시인, 도연명 | 남북조의 흥망

제5장 「봄날 단잠에 날 밝는 줄 몰랐더니」——대시인이 묘사한 세계 *223*

1 당·삼백 년의 왕조 *224*
초당——정관의 다스림 | 측천무후의 시대 | 성당——현종과 양귀비 | 성당의 시인들 | 중당의 시대상황과 전기소설 | 황소의 난에 이르는 대혼란 | 예감되는 멸망

2 사대부 문화의 대두 *248*
북송 왕조의 성립 | 북송의 문치주의 | 정치의 혼란, 문예의 성숙 | 남송 왕조의 성립 | 주자학과 남송의 문화 | 금과 남송의 멸망

제6장 「산 속 도적은 깨트리기 쉬워도 마음속 도적은 깨트리기 어렵다」 ——능란하게 고사성어를 구사한 사람들 *267*

1 야율초재와 왕양명 *268*
원 왕조의 주역 | 속문학의 성숙 | 원 왕조의 멸망 | 명 왕조의 성립과 퇴폐 | 오중의 사재와 왕양명 | 명의 멸망

2 최후의 왕조 *285*
청 왕조와 강남 지식인 | 청의 전성기에 태어난 「홍루몽」 | 내우외환 속에서

후기 *297*
역자 후기 *300*
중국사 연표 *303*
참고문헌 *308*
고사성어 색인 *311*

전설의 명군주 요(堯)와 순(舜)
(『역대고인상찬(歷代古人像贊)』)

제1장
「한번 엎지른 물은 다시 담을 수 없다」
──명군과 폭군의 시대

1. 오제 시대

황제, 포악한 반역자를 토벌하다

한(漢)나라의 사마천(司馬遷)이 쓴 『사기(史記)』는 태곳적 신화와 전설 시대부터 전한 시대에 이르기까지의 방대한 중국 역사를 기록한 통사다. 『사기』의 첫머리인 「오제본기(五帝本紀)」에는 전설 속에 등장하는 성스러운 다섯 천자(天子)인 황제(黃帝), 전욱(顓頊), 제곡(帝嚳), 요(堯), 순(舜)의 전기가 실려 있다.

오제 중 첫 번째 인물인 황제는 강한 군사력의 소유자였다. 당시 천하를 다스리던 이는 신농씨(神農氏)였지만, 그 권세가 내리막길로 접어들면서 제후(諸侯)들 간에 다툼이 일어나 사회 불안이 가중되고 있었다. 이때 황제는 신농씨에게 등 돌린 제후들을 차례로 토벌하고, 마지막까지 저항하던 염제(炎帝)와 치우(蚩尤)를 각각 판천(阪泉)과 탁록(涿鹿)에서 물리침으로써 난세에 마침표를 찍었다.

전투는 매우 격렬했다. 그중에서도 마술을 구사했던 괴물 치우와의 전투는 난관의 연속이었다. 탁록 들판에서 벌어진 결전의 순간, 치우는 마술로 짙은 안개를 일으켜 황제의 군사들을 혼란에 빠뜨렸다. 이에 맞서 황제는 지남거(指南車)를 만들어 군사들이 길을 잃지 않도록 이끌었고, 마침내 치우를 궁지로 몰아넣어 생포했다. 지남거는 항상 남쪽을 가리키도록 고안된 장치가 부착된 수레다. 여기서 비롯된 '지남'이란 말은 다른 사람을 이끌어 지도한다는 뜻으로 지금도 널리 쓰이고 있다.

이리하여 혼란 상황을 종결지은 황제는 각지의 제후들에게 추대되어 신농씨를 대신해 천자 자리에 올랐다. 이후 황제는 달력을 만들어 농업을 번성케 하는 등 천하를 안정시켰다. 황제를 시작으로 고대 중국의 이상 사회인 오제 시대의 막이 열리게 된다.

이상적인 군주, 요순

황제의 뒤를 이은 손자 전욱과 증손자 제곡(帝嚳, 전욱의 숙부의 손자)의 2대를 지나 천자가 된 제곡의 아들 요(堯)는 더할 나위 없이 훌륭한 군주였다. 그는 천자가 된 지 50년 만에 풍요로운 사회를 건설하는 데 성공했다.

하지만 요는 백성들이 정말로 충실하고 행복한 삶을 누

리고 있는지 확신할 수가 없었다. 그래서 한번은 일부러 남루한 옷차림을 하고 저잣거리로 나섰다. 그때 한 노인이 입 안 가득 음식을 머금은 채 손으로 부른 배를 두드리고 발을 굴러 박자를 맞추면서 노래를 부르고 있었다.

해 뜨면 일하고 (日出而作)
해 지면 쉬며 (日入而息)
우물 파서 물 마시고 (鑿井而飮)
농사 지어 밥 먹으니 (畊田而食)
황제가 나와 무슨 상관이랴! (帝力何有於我哉)

이 노래는 사람들이 천자의 지배력을 의식하지 않아도 될 만큼 당대 사회가 평온하고 안정되어 있었음을 보여준다. 이 고사를 근거로 태평성대를 즐거워하는 것을 가리켜, 배를 두드리고 땅을 찬다는 뜻의 '고복격양(鼓腹擊壤)'이라 부르게 되었다. 그리고 요처럼 강한 지배력을 가지고 있으면서도 그것을 노골적으로 드러내지 않는 지배자의 모습은, 중국에서 이후 오랫동안 이상적인 군주의 이미지로 굳어졌다.

요는 나이가 들자 덕이 없고 어리석은 아들 단주(丹朱)를 제쳐두고 민간에서 순(舜)을 발탁해, 자신의 두 딸과 결혼시킨 다음 천자의 직무를 대행케 했다. 순은 전욱의 6세손으로 멀리 황제의 혈통을 이었다고 전한다.

순은 남다른 효행으로 유명한 인물이었다. 앞을 보지 못하는 순의 아버지 고수(瞽瞍)는 늘 계모의 말만 듣고 아들을 가혹하게 대했다. 하지만 순은 그런 아버지를 변함없이 성실하게 섬겼다고 한다. 그 덕분에 명성이 자자해져 요의 섭정(攝政)으로까지 추천되었던 것이다.

순은 중국의 동부와 남부를 돌아보며 북부의 문명을 전파했다. 또한 천하를 12주(州)로 나누어 통치하고 반역자들을 추방하는 등, 요의 직무를 대행하는 동안 뛰어난 정치적 수완을 발휘했다. 요가 죽자 순은 요의 아들 단주에게 천자 자리를 양보했다. 하지만 민심이 전부 순에게 쏠려 있었기 때문에 결국 그가 단주 대신 즉위하기에 이르렀다.

오제의 마지막 천자 순에 이르기까지, 비록 모두 황제의 혈통을 이었다고는 해도 총명하고 유능한 사람을 천자로 추대한다는 원칙에는 변함이 없었다. 이처럼 가장 훌륭한 사람이 천하를 다스려 태평성대를 맞이했다는 고대 이상

사회는 요와 순의 시대에 그 절정을 이루었다. 이 때문에 요순지절(堯舜之節)은 후세까지 사람들이 늘 동경하는 시대상이 되었다.

우, 치수의 공적으로 천자에

요순시대와 같은 이상 사회라고 해서 전혀 문제가 없었던 것은 아니다. 특히 대홍수로 인한 하천(河川)의 범람은 심각한 골칫거리 중 하나였다. 그 때문에 치수(治水, 수리 시설을 잘하여 홍수나 가뭄을 막는 일-역자 주)에 공을 세운 우(禹)가 순의 뒤를 이어 천자가 될 수 있었던 것이다.

요는 원래 우의 아버지인 곤(鯤)에게 치수의 임무를 맡겼지만, 곤은 이렇다 할 성과를 올리지 못했다. 그러자 요의 섭정이던 순은 그 죄를 물어 곤을 유배 보내고 대신 그의 아들 우에게 곤의 일을 계속하도록 지시했다. 우는 쉬지도 않고 잠도 제대로 자지 않으면서 치수 공사에 전념했다. 그리하여 마침내 대홍수의 재앙을 막아낼 수 있었다.

치수에 성공하기까지 우가 얼마나 피땀 어린 노력을 거듭했는지는 여러 일화를 통해 엿볼 수 있다. 우는 치수 공사를 진행한 13년 동안 줄기차게 밖으로만 분주히 돌아다니느라, 자기 집 앞을 지나면서도 정작 안으로는 한 발짝도 들여놓지 않았다고 한다. 또한 너무 많이 걸어 다녀 다리가 기형이 되는 바람에 우의 걸음걸이, 곧 '우보(禹步)'라고 불린 기이한 자세로 걸을 수밖에 없었다는 이야기도 전한다. "우가 없었더라면 우리는 물고기가 되었으리!(微禹, 吾其魚乎!)"라는 구절이나 "우는 일분일초도 아까워했다네(禹惜寸陰)" 같은 표현들은 모두 후세 사람들이 우의 노고와 공적을 칭송하며 남긴 것이다.

순이 즉위한 후 우는 치수의 공적을 높이 평가받아 행정의 최고 책임자가 되었다. 순은 우를 자신의 후계자로 지명하고 세상을 떠났지만, 우는 그 자리를 순의 아들인 상균(商均)에게 양보했다. 하지만 제후들이 이를 받아들이지 않고 모두 그를 추대(推戴)했기 때문에, 결국 우가 천자의 자리에 올랐다. 우는 오제 중 한 명인 전욱의 손자로서 황제의 현손(玄孫, 손자의 손자)이므로, 요나 순과 마찬가지로 역시 황제의 혈통을 이은 셈이다.

지금까지 살펴본 것처럼, 오제에서 우에 이르기까지는 가장 우수한 사람이 천자가 된다는 합리적인 원칙이 지켜져 왔다. 하지만 우가 하나라의 시조가 된 이후로는 천자의 지위가 세습되는 형식으로 바뀌었다. 이리하여 전설 속 성스러운 천자의 시대는 막을 내렸다.

오제와 우에 얽힌 전설은 아마도 중국 문명의 태동기에 눈이 어지러울 정도로 빈번히 일어났던, 무력을 이용한 정권 교체를 미화하고 이상화한 이야기일 것이다. 하지만 신화와 전설은 사람들의 소망을 함께 엮어가는 가운데 형성되는 것이다. 그런 의미에서 성스러운 천자 전설은 중국의 태곳적 이상의 결정체라고 할 수 있다.

2 망국의 군주들

자애로움이 깊은 탕임금

사실 전설상의 오제 시대는 물론이고, 우를 시조로 하는 하(夏)나라도 현재 그 실재를 입증할 만큼 충분한 근거가 발견되지는 않았다. 다만 『십팔사략(十八史略)』에 따르면 이 안개 속의 왕조 하나라는 17대 432년 동안 존속했다고 한다.

하나라 마지막 천자 걸(桀)은 포악하고 방탕하기 이를 데 없는 전형적인 망국의 군주였다. 걸이 말희(妺喜)라는 미녀에게 빠져 호화로운 궁전을 짓고 극도의 사치를 부리는 동안 하나라는 순식간에 쇠퇴해갔다. 그러다 결국 은(殷)나라 초대 천자가 된 성탕(成湯)이라고도 하는 탕왕(湯王)에게 멸망당했다. 지금으로부터 3600년 전 즉 기원전 1600년경의 일이다. 하나라를 멸망시키고 성립한 은(殷)나라(상商이라고도 한다. 기원전 1600경~1100경)는 현재 그 역사적 실재가 확인된 가장 오래된 왕조이다.

하에서 은으로 이어지는 왕조 교체는 은의 탕왕이 무력을 사용하여 하나라 폭군 걸을 토벌하는 형태로 이뤄졌다. 이른바 방벌(放伐)이다. 반면 오제와 우의 시대처럼 천자의 자리를 직계 혈통에게 물려주지 않고, 여러 제후들이 우수하다고 지목한 사람에게 차례로 양보해 넘겨주는 것을 선양(禪讓)이라고 부른다.

하나라를 멸망시킨 탕왕은 원래 걸의 신하였다. 탕왕은 이윤(伊尹)이라는 요리사 출신의 유능한 재상을 얻어 반항적인 제후들을 차례차례 정벌한 뒤, 걸을 내쫓고 즉위하여 은 왕조를 세웠다.

이때 탕왕이 수도로 정한 박(亳, 하남 성 박 현)은 원래 은나라 시조인 설(契)의 아버지이자 오제 중 하나인 제곡이 수도로 삼았던 곳이다. 설은 순이 천자로 있던 시절 우를 도와 치수에 열성을 기울였고, 그 공로를 인정받아 '상후(商侯)' 곧 오늘날 하남(河南) 성 상구(商邱) 현에 해당하는 지역의 제후로 봉해졌다. 은을 상(商)이라고도 부르는 것은 여기서 유래한다.

은나라 천자가 된 탕왕은 자애로운 명군이었던 것으로 알려져 있다. 한 예로 다음과 같은 일화가 전한다. 탕왕이 즉위한 뒤 7년 동안 한발(旱魃) 즉 극심한 가뭄이 계속된 적이 있었다. 이때 탕왕은 스스로 목욕재계하고 손톱과 머리카락을 자른 뒤 상림(桑林)이라는 숲으로 갔다. 그리고 자기 몸을 산 제물로 하늘에 바치며 비를 내려 달라고 간절히 빌었다. 그러자 그의 진정 어린 기도가 효험이 있었던지 곧바로 큰 비가 쏟아지기 시작했다고 한다.

탕왕의 일화에서도 엿볼 수 있듯이 은나라는 국가 운영에 주술적인 요소를 이용한 제정일치 사회였다. 거북 껍데기나 짐승 뼈를 태울 때 나타나는 갈라진 금의 형태를 보고 길흉을 점쳐 국가의 중대사를 결정하기도 했다. 하

은나라 탕왕(湯王), 상림(桑林)에 나가 기우제를 올리다(『제감도설(帝鑑圖說)』)

지만 오늘날 남아 있는, 정교한 세공이 가해진 청동기 유물을 보면 은나라의 문화 수준이 대단히 높았다는 것을 알 수 있다.

은나라는 탕왕 이후 몇 번의 천도를 거듭하며 500여 년에 걸쳐 명맥을 유지했지만, 서른 번째 천자 주의 등장으로 결국 멸망의 구렁텅이로 떨어지는 운명을 맞이했다.

주와 미녀 달기

은나라의 마지막 천자 주(紂)는 상식을 벗어난 만행으로 악명 높은 인물이다. 그러나 주가 처음부터 그렇게 어리석었던 것은 아니다. 어려서부터 머리가 총명하고 말재주가 뛰어난 데다 맨손으로 맹수와 격투를 벌일 정도로 힘도 장사였다고 한다. 그야말로 더할 나위 없는 천부적 재능의 소유자였다고 할 수 있다. 그러나 주는 그 뛰어난 소질을 오로지 자신의 욕망을 충족시키는 데만 이용했다.

주의 타락에 결정적인 계기로 작용한 것은 절세미인 달기(妲己)와의 만남이었다. 달기는 은나라에 정벌당한 유소씨(有蘇氏)가 주에게 헌상한 빼어난 미모의 여인이었다. 주는 달기에게 흠뻑 빠져 그녀의 말이라면 무조건 들어주었다. 그리하여 보물을 보관하는 궁전건물 '녹대(鹿臺)'에는 엄청난 재물을 모아 놓았고, '거교(鉅橋)'라는 창고에는 썩어 넘칠 정도로 곡식을 쌓아 두었으며, 이궁(離宮, 별궁)인 '사구(沙丘)'의 정원과 궁궐을 대대적으로 확장하는 등 극도의 사치를 부리며 향락에 젖은 나날을 보냈다. 사구에 '주지육림(酒池肉林)', 곧 술로 가득 채운 연못과 나무에 말린 고기를 걸어둔 숲을 만들어놓고 달기와 함께 밤새도록 연

하나라의 걸왕(桀王)과 말희(妹喜).
주지육림(酒池肉林)의 그림(『제감도설(帝鑑圖說)』)

회에 탐닉하기도 했다. 여기서 비롯된 '주지육림'은 오늘날에도 호사스러운 술잔치를 이르는 말로 널리 쓰이고 있다.

이렇게 밑 빠진 독에 물 붓기 식으로 재물을 쓰자니 막대한 경비가 필요했다. 주는 그 비용을 혹독하게 거둬들인 세금으로 충당했다. 이런 상황이 계속되던 자연히 민중의 불만이 들끓게 되고, 차차 반기를 드는 제후들도 나타나기 마련이다. 그러자 주는 잔혹한 엄벌로 이러한 움직임을 다스렸다. 특히 주의 잘못을 지적하며 반기를 든 제후들에게는 '포락지형(炮烙之刑)'이라는 더욱 무시무시한 벌이 내려졌다. 포락지형이란 기름칠한 구리 기둥을 수평으로 매달아놓고 그 밑에 불을 피워 뜨겁게 만든 뒤, 죄수가 그 기둥 위를 맨발로 걸어가게 하는 형벌이었다. 물론 죄수들은 모두 몇 발짝 못 가 아래 불구덩이로 미끄러져 타 죽었다.

너무나 끔찍한 이야기다. 결국 이러한 주의 폭주는 누구도 막을 수 없는 지경에까지 이르렀다. 충성스러웠던 신하들마저 주의 행동에 진저리를 치며 차례로 나라를 탈출했다. 하지만 주는 그 와중에도 홀로 끝까지 남아 간언을 마다하지 않던 숙부 비간(比干)에게조차 상상을 초월하는 잔혹한 짓을 저질렀다. 비간에게 "성인(聖人)의 가슴에는 구멍이 일곱 개 뚫려 있다고 하던데, 정말인가?"라고 물으면서, 살아 있는 그의 가슴을 갈라 심장을 꺼내 보았던 것이다.

천자가 이 지경이었으니 은나라에 남은 길은 멸망뿐이었다. 상상을 초월한 향락과 잔혹 행위 끝에 주는 주(周)나라 무왕(武王)이 통솔한 제후 연합군에 격파되었으며, 궁지에 몰린 나머지 보물로 가득한 녹대에 올라 스스로 불을 질러 타 죽었다고 한다. 이것은 기원전 1100년경의 일이다.

이렇듯, 하나라의 마지막 천자 걸(桀)과 은나라의 마지막 천자 주는 둘 다 악명 높은 폭군으로서 자업자득으로 비참한 최후를 맞이하였다. 그 후로 이 둘은 걸주(桀紂)로 불리며 폭군의 대명사가 되었다. 그런데 『사기』 등에 기록된 걸과 주의 무도함은 지나치게 판에 박은 듯한 면이 있다. 이를테면 하나라의 걸도 애첩 말희와 함께 '주지육림'과 비슷한 유희를 즐겼다고 한다. 따라서 이러한 이야기들은 하나라에서 은나라로, 은나라에서 주나라로 무력혁명인 '방벌'에 의해 왕조가 교체될 때, 새로운 왕조를 정당화하고자 옛 왕조 마지막 군주의 무도함을 극적으로 부각시킨 것이라 할 수 있다.

한편 주의 친척이었던 기자(箕子) 역시 비간과 마찬가지로 주에게 준엄한 간언을 올렸지만 받아들여지지 않았다. 하지만 기자는 주의 잔혹한 형벌을 피해 국외로 탈출하는 것을 떳떳지 못하다고 여겼다. 그래서 그는 머리를 풀어 헤친 미치광이의 모습으로 천한 노예 행세를 하며 은나라에 머물렀다. 그리고 조국의 멸망을 두 눈으로 지켜본 후에야 주나라 무왕에게 항복했다. 기자는 그 대가로 무왕에게서 조선 땅을 영지로 받았다(기자조선의 실존과 동래 여부는 자료해석에 따라 여러 학설이 있다. 한국학계는 『논어』 등의 일차 사료에 기자가 조선에 왔다는 동래설이 없고, 고고학적 증거도 없기 때문에 20세기 초 이래 기자 조선을 부정하고 있다. 반면 근래의 중국학계는 동북공정 등과 관련해 기자의 실재와 그 동래를 강조하고 중국의 지방정권으로 간주한다-역자 주). 훗날 기자는 주나라 조정으로 인사 가는 길에 우연히 은나라의 폐허가 된 옛 수도를 지나게 되었다. 그곳에 있던 궁전은 이미 흔적조차 찾을 수 없었고, 오직 벼와 보리와 기장만이 제멋대로 자라나 있었다. 그 황폐함에 충격을 받은 기자는 「맥수가(麥秀歌)」를 지어 이렇게 개탄했다.

　　보리 이삭은 쑥쑥 자랐고 (麥秀漸漸兮)
　　벼와 기장도 무성하구나 (禾黍油油)
　　저 교활한 철부지여 (彼狡童兮)
　　내 말 듣지 않더니 이리 되고 말았구나 (不與我好兮)

이 노래를 들은 은나라 유민들은 모두 눈물을 흘렸다고 한다. 이후 나라 잃은 비애를 '맥수지탄(麥秀之嘆)'이라 부르게 되었다.

이외에 은의 망국과 관련한 유명한 성어로 『시경』에 나오는 "은감불원 재하후지세(殷鑑不遠, 在夏后之世)"라는 구절이 있다. "은이 거울삼아야 할 것은 멀리 있지 않으니, 바로 앞의 왕조 하의 멸망이 그것이다"라는 뜻이다. 결국 은나라는 하나라의 실패를 본보기로 삼지 못해 폭군 걸과 흡사한 주를 낳았고, 따라서 멸망할 수밖에 없었다는 것이다. 여기서 나온 '은감불원(殷鑑不遠)'이라는 표현은 가까이 있는 다른 사람의 실패를 본보기로 삼아 자신을 경계해야 한다는 의미로 지금도 자주 사용되고 있다.

고공단보의 세 아들

은나라를 멸망시키고 성립한 주나라의 시조는 전설 시대의 후직(后稷)으로 거슬러 올라간다. 후직의 출생에 관해서는 신비한 전설이 있다. 오제 중 하나인 제곡(帝嚳)의 정부인(正夫人) 강원(姜原)이 들판에서 우연히 거인의 발자국을 밟고 후직을 임신했다는 것이다. 참고로 앞서 이야기했던 은나라 시조인 설 또한 제곡의 둘째 부인 간적(簡狄)이 현조(玄鳥) 곧 제비의 알을 먹고 임신했다는 탄생 설화가 전한다. 이처럼 초자연적인 현상에 감응하여 임신하는 이야기를 '감생제설화(感生帝說話)'라고 하며, 왕조의 시조 탄생 설화에서 종종 찾아볼 수 있다.

신비한 전설에 둘러싸인 후직은 농경을 관장하는 관리로서 무려 요, 순, 우 3대에 걸쳐 벼슬을 했고, 그때 큰 공적을 세워 현재의 섬서(陝西) 성 서부에 영지를 하사받았다고 전해진다. 이 개국 신화는 주나라가 원래 중국 서북부 지방을 발상지로 하며 일찍부터 농경에 종사했던 민족이 세운 나라였음을 보여준다.

이후 곡절을 겪으며 조금씩 세력을 강화해가던 주나라는 고공단보(古公亶父) 때에 북방 이민족의 위협을 피해 서남쪽으로 대이동하여 기산(岐山, 오늘날의 섬서 성 기산 현) 기슭에 정착했다. 주나라는 이를 기회로 체제를 정비하여 점점 강력한 국가로 성장해갔다.

고공단보에게는 태백(太伯), 우중(虞仲), 계력(季歷)이라는 세 아들이 있었다. 그중 삼남인 계력에게는 창(昌)이라

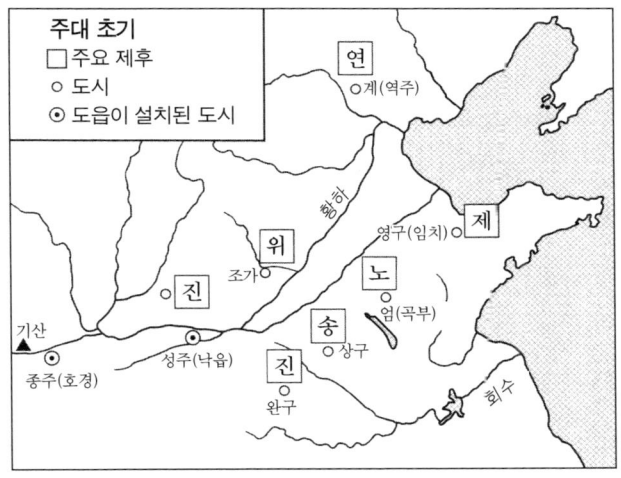

는 아들이 있었다. 창이 태어날 때, 성인이 탄생하는 경우의 상서로운 조짐인 서상(瑞祥)이 나타나 조부인 고공단보가 대단히 기뻐했다. 이러한 모습을 지켜본 장남 태백과 차남 우중은, 아버지가 계력을 후계자로 세운 뒤 이어 손자 창에게 그 자리를 물려주고 싶어 한다는 것을 알아차렸다. 아버지의 마음을 헤아린 두 사람은 주나라를 떠나 장강(長江) 이남으로 갔다. 그리고 남방 풍습에 따라 '단발문신(斷髮文身)', 곧 머리를 짧게 깎고 몸에 문신을 함으로써 스스로 주나라와 인연을 끊겠다는 태도를 분명히 했다. 춘추(春秋) 시대에 강대국이 된 오(吳)나라가 장남 태백의 자손이 세운 나라라는 전설도 있다.

두 형이 주나라와 인연을 끊고 행적을 감춰 후계자 자리를 양보한 덕분에, 계력은 고공단보가 죽자 아무 분란 없이 즉위할 수 있었다. 그리고 계력이 죽은 후에는 아들 창이 뒤를 이어 주나라 지도자가 되었다. 창이 바로 서백(西伯, 서방 제후들의 지도자)이라고 불리기도 한 주나라의 문왕(文王)이다.

문왕, 태공망을 찾아내다

서백의 높은 인망 덕분에 그를 따르는 제후들이 차츰 늘어갔다. 서백의 성장에 위협을 느낀 은나라 천자 주는 그를 잡아다 유리(羑里) 지방에 감금했지만, 서백의 부하가 바친 미녀와 보물에 선뜻 넘어가 도로 풀어주고 말았다. 그 후 서백의 세력은 더욱 강해졌다. 앞서 얘기한 것처럼 훗날 주는 서백의 아들 무왕에게 무릎을 꿇고 말았으니, 결과적으로 자신의 목숨을 한때의 향락과 맞바꾼 셈이었다.

태공망 여상(『역대고인상찬(歷代古人像贊)』)

서백에게는 여상(呂尙)이라는 둘도 없는 스승이 있었다. 여상은 위수(渭水)에서 한가롭게 낚시를 드리우고 있다가 서백을 만나 그의 스승으로 초빙되었다. 서백은 여상과의 첫 대면에서 이야기를 주고받다가 그의 재능에 감격해 말했다.

"우리 태공(太公, 조부 또는 부친을 가리킨다)께서는 줄곧 당신 같은 분과 만나기를 고대하셨습니다."

이후 서백은 여상을 '태공이 바라던 사람'이라는 뜻의 '태공망(太公望)'이라고 불렀다. 이 고사에 근거하여 훗날 낚시를 즐기는 사람을, 여상의 성씨인 '강(姜)'을 붙여 '강태공(姜太公)'이라 칭하게 되었다.

태공망 여상과 관련해서는 다음과 같은 이야기도 전하고 있다. 서백과 만나기 전, 태공망은 집안 형편에는 아랑곳하지 않고 독서에만 골몰했기 때문에 대단히 곤궁한 생활을 할 수밖에 없었다. 이에 진저리가 날 대로 난 아내 마씨(馬氏)는 스스로 청해 태공망과 결별하지만, 그가 출세하자 곧 재결합하고 싶다는 의사를 밝혀왔다. 이에 태공망은 물동이에 담긴 물을 땅에 쏟고는 마씨에게 그 물을 다시 퍼 담아보라고 했다. 그러나 한번 땅에 쏟아진 물을 동이에 도로 담을 수는 없는 노릇이다. 태공망은 마씨에게 이렇게 말했다.

"한번 이별한 부부는 엎지른 물을 도로 담을 수 없듯이 다시 합쳐질 수 없는 것이오."

이 고사에서, 이미 헤어진 부부가 원래대로 돌아가거나 한번 저지른 일을 되돌리는 것은 어렵다 하여 '복수불반분(覆水不返盆)', 곧 한번 엎지른 물은 다시 담을 수 없다는 성어가 나오게 되었다.

권력에 영합하지 않는 삶의 방식

　서백은 재위 50년 만에 세상을 떠나고, 그 아들 발(發)이 뒤를 이으니 바로 무왕(武王)이다. 무왕이 즉위하자 그의 아우 주공(周公) 단(旦)과 태공망 여상이 국사를 도왔다. 얼마 후 무왕은 아버지의 위패를 받들고 제후 동맹군을 통솔해 은나라의 폭군 주를 정벌하러 가려 했다. 무왕이 군사들에게 막 출전 명령을 내리려는 순간, 백이(伯夷)와 숙제(叔齊)라는 두 사람이 나타나 무왕의 앞길을 막아섰다.

　"부왕께서 돌아가셨는데 장례도 다 치르지 않고 전쟁을 벌이는 것은 효에 어긋납니다! 또한 신하의 몸으로 주군(임금주를 가리킴)을 정벌하는 것은 인의에 위배됩니다!"

　하지만 무왕은 그들의 말을 무시하고 군대를 움직였다. 그는 폭군 주를 격파하고 은나라를 멸망시킨 후, 주 왕조를 세워 천자가 되었다.

　목숨을 걸고 무왕의 출전을 제지했던 백이와 숙제는 모두 고죽국(孤竹國) 제후의 아들이었다. 서로 후계자가 되기를 사양하다가 함께 고죽국을 떠난 백이와 숙제는 원래 높은 덕망으로 명성이 자자했던 서백에게 몸을 맡기려 했다. 하지만 막상 주나라에 도착해보니 서백은 이미 죽은 뒤였고, 후계자인 무왕이 주를 토벌하러 가는 참이었던 것이다. 무왕의 방벌에 이의를 제기했던 백이와 숙제, 그들은 주 왕조가 확립되자 그 신하가 되어 녹봉을 받는 것을 거부하고 수양산(首陽山, 산서 성 소재)에 숨어 고사리를 캐 먹으며 배고픔을 견디다가 결국 굶어 죽고 말았다. 주나라 국록을 먹지 않는다는 뜻의 '불식주속(不食周粟)'은 백이와 숙제의 의연함과 절개를 상징하는 말이 되었다. 다음은 죽기 직전 백이와 숙제가 남긴 「채미가(采薇歌)」의 일부분이다.

저 서산에 올라 (登彼西山兮)
고사리를 캐노라 (采其薇矣)
포악함으로 포악함을 바꾸고도 (以暴易暴兮)
그 잘못을 알지 못하는구나 (不知其非矣)

「채미가」에는 무왕이 폭군 주를 징벌한다는 명목 아래 똑같이 무력을 사용하고도 자신의 잘못을 깨우치지 못한다는 한탄이 서려 있다. 여기서 나온 이포역포(以暴易暴)라는 말은 포악함을 포악함으로 대신한다는 뜻으로, 나쁜 사람을 바꾼다면서 또 다른 나쁜 사람이 들어앉는 정치 행태에 대한 비판을 담고 있다.

사마천은 지나칠 정도로 결백한 절개의 상징인 백이와 숙제가 살아간 방식을 높이 평가해, 『사기』의 「열전(列傳)」 부분 맨 앞에 그들의 전기 「백이숙제열전」을 실었다. 주나라 국록을 먹지 않았던 백이와 숙제는 이후 권력에 영합하지 않는 삶을 지향하는 많은 사람들에게 지극한 모범이 되었다.

유교의 이상, 주공 단

주 왕조를 세운 지 얼마 되지 않아 무왕은 병으로 죽고, 태자 송(誦)이 즉위해 성왕(成王)이 되었다. 성왕은 즉위할 당시 매우 어렸기 때문에, 무왕의 정무를 보좌했던 숙부 주공 단이 국사 일체를 도맡아 관리했다. 그러자 주공의 아우 관숙(管叔)과 채숙(蔡叔)은 주공이 천자의 지위를 노리는 게 아닐까 의심했다. 그리하여 멸망한 은나라의 혈통을 이은 주(紂)의 아들 무경(武庚)과 손잡고 큰 반란을 일으키기에 이르렀다. 주공은 또 다른 아우 소공(召公)과 함께 동방 정벌에 나서 그 반란을 평정하고, 황하(黃河) 하류 유역에서 산동(山東) 반도 북부까지 군대를 전진시켜 은나라의 잔존 세력까지 마저 소탕했다. 이리하여 주공은 주나라의 지배 영역을 대대적으로 확장하였다.

이 정벌에서 대승을 거둔 뒤, 주공은 동방을 통솔하기 위해 낙읍(洛邑, 낙양洛陽. 지금의 하남 성 낙양 시)에 제2 수도 건설을 추진했다. 이것이 완성되자 원래의 수도 호경(鎬京, 장안長安. 지금의 섬서 성 서안 시 남서부)은 '종주(宗周)'로, 낙읍은 '성주(成周)'로 불리게 되었다.

동방 정벌에 성공하고 새 수도를 건설하는 한편, 주공은 각종 정치 및 문화 제도의 개혁을 단행해 국가 기반을 안정시켰다. 영토의 각지에 제후를 봉하는 '봉건제(封建制)'를 강행하고, 개인과 사회의 생활 규범인 '예(禮)'를 명확히 밝힌 '예제(禮制)'를 제정한 것 등이 하나의 본보기다. 이렇게 국사를 총괄한 지 7년, 주 왕조의 기초 다지기를 마친 주공은 성장한 성왕에게 모든 국사를 넘겨주고 다시 겸허하게 신하의 자리로 돌아갔다.

유가(儒家) 사상과 유교(儒敎)의 시조인 공자(孔子, 기원전 551~479)는 주나라 초기 빛나는 정치문화 제도를 만들어

낸 주공 단의 열렬한 숭배자였다. 공자는 "찬란하구나, 그 문화여!(郁郁乎文哉!) 나는 주나라를 따르겠다"라며 감탄하고, "심하구나, 나의 노쇠함이여. 오래되었구나, 내가 꿈에서 다시 주공을 뵙지 못한 것이!(久矣, 吾不復夢見周公!)"라고 개탄했을 정도로 주공에게 깊은 애정을 가지고 있었다. 공자가 이렇게까지 주공 단을 추앙했던 이유는, 그가 보기에 주공이야말로 유가 사상에서 이상으로 삼는 정치적·문화적 제도의 창시자였기 때문이다. 또한 공자의 조국인 노(魯)나라가 원래 주공 단의 아들 백금(伯禽)이 제후로 봉해졌던 나라라는 사실도, 공자가 주공 단에게 깊이 공감하게 된 요인 중 하나였을 것이다.

되풀이되는 미녀의 망국

주나라는 성왕과 그 아들 강왕(康王)의 2대 동안 태평성대를 누렸다. 그러나 그 뒤를 이은 소왕(昭王)과 목왕(穆王) 때는 끊임없는 원정으로 불안정한 정국이 계속되었다.

잠시 여담을 하자면, 목왕은 온 천하를 두루 누비며 노닐다가 선계(仙界)로 가서 여신인 서왕모(西王母)와 만나 술잔치에 빠져 지냈다고 한다. 이 전설을 소재로 한 『목천자전(穆天子傳)』이라는 성립 연대 미상의 고소설도 쓰였다.

목왕 이후 주나라의 통치력에 먹구름이 끼기 시작하더니, 몇 대 뒤인 여왕(厲王) 때에는 결정적인 위기를 맞이했다. 여왕은 탐욕스럽고 억압적인 군주였다. 그는 신하와 백성들의 비판을 틀어막으려고 엄중한 감시 체제를 가동했다. 그 때문에 사람들은 '도로이목(道路以目)' 곧 "길에서 마주칠 때면 입을 열지 않고 눈짓으로만 불만을 주고받았다"고 한다. 도로이목은 정치적 탄압이나 통제가 심해 언론의 자유가 없는 상황을 일컫는 표현이다. 한 신하가 "방민지구 심우방천(防民之口, 甚于防川)" 곧 "백성의 입을 막는 것은 강물을 막는 것보다 위험합니다"라고 간언했지만, 여왕은 그 말을 들으려고조차 하지 않았다. 결국 민중의 반란이 일어나게 되었고, 여왕은 국외로 도망칠 수밖에 없었다. 이후 방민지구 심우방천은 언로(言路)의 중요성을 강조하는 의미로 쓰이고 있다.

여왕이 도망친 뒤 두 명의 대신이 국사를 다스렸다는 공화(共和)의 시대가 들어서고 14년 후 다시 여왕의 아들 선왕(宣王)이 즉위했다. 선왕은 유능한 군주여서 기울어가던 주 왕조를 잠시 바로 세웠다. 하지만 그러한 노력도 임시방편에 불과해 쇠약해져 가는 나라의 운명을 온전히 바꿔놓을 수는 없었다. 그런 주나라에 결정적인 파국이 찾아온 것은 선왕을 계승한 아들 유왕(幽王) 때의 일이다.

유왕을 사로잡은 포사(褒姒)는 좀처럼 웃지 않는 여인이었다. 유왕은 포사를 웃게 만들려고 이런저런 방법을 동원해봤지만 모두 허사였다. 그러던 차에 갑자기 포사를 박장대소하게 만든 일이 벌어졌다. 유왕은 제후들에게 "외적이 습격해오면 봉화(烽火)를 올려 신호를 보낼 테니 각자 군대를 모아 나를 구조하라"고 명령해놓은 터였다. 그런데 그날은 외적의 습격이 없었는데도 봉화가 타올랐고, 제후들은 명령대로 군대를 이끌고 황급히 유왕에게 달려왔다. 하지만 막상 궁에 도착했을 때 적의 코빼기도 보이지 않자 모두 허둥거리며 어리둥절해 하였다. 이 광경이 우스꽝스러웠는지 포사가 처음으로 소리 높여 웃었던 것이다. 이때부터 유왕은 오로지 포사의 웃는 얼굴을 보겠다는 생각으로 적이 공격해오지도 않았는데 자주 봉화를 올리게 하였다. 그 결과는 너무도 뻔한 일이었다. 유왕의 장난에 몇 번이나 헛걸음을 하다 지친 제후들은 차츰 봉화가 올라도 무시하게 되었다.

사태의 심각성을 알아차리지 못한 유왕은 얼마 후 포사를 정부인(正夫人)으로 삼고, 원래 정부인이었던 신후(申后)가 낳은 태자 의구(宜臼)를 폐위시켜버렸다. 태자가 어머니의 조국 신(申)나라로 도망치자 유왕은 그곳을 공격했다. 유왕의 공격에 대항해 신나라 제후는 이민족인 서융(西戎)과 견융(犬戎)에 도움을 청했고, 그들과 힘을 합쳐 유왕이 머물던 성에 맹렬한 공격을 퍼부었다. 위기에 직면한 유왕은 허둥지둥 봉화를 올려 제후들에게 구원 요청을 했지만, 당연히 누구 하나 달려오지 않았다. 그야말로 "늑대가 나타났다!"는 말로 마을 사람들을 속인 양치기 소년과 똑같은 상황이 전개되었던 것이다. 자업자득으로 유왕은 궁지에 몰려 살해당하고 포사는 생포되었다. 기원전 771년의 일이다. 이 시점에서 무왕으로부터 이어져 온 주 왕조는 일단 멸망했다.

미녀 말희(妺喜) 때문에 망한 하나라와 달기(妲己) 때문에 망한 은나라의 전철을 밟으며, 주나라 또한 포사가 발단이 되어 멸망했다고 역사는 말한다. 상당히 그럴듯한 이야기지만, 꾸며낸 듯 지나치게 비슷하기도 하다. 결국 고대 중국의 하·은·주 삼대(三代)가 모두 훌륭한 군주였던 초대 천자에 의해 시작되었다가 운명의 미녀에 푹 빠진 폭군 때문에 멸망했다는 식의 똑같은 궤적을 밟고 있는 것이다.

유왕이 죽고 얼마 지나지 않아, 신나라로 도망갔던 태자 의구가 돌아와 제후들의 후원으로 천자의 자리에 오르니 바로 평왕(平王)이다. 평왕은 즉위한 뒤 견융 등 이민족의 침입을 받기 쉬운 종주(호경)에서 성주(낙읍)로 수도를 옮겼다. 이렇게 주 왕조의 명맥은 그럭저럭 유지되었지만 예전의 영광은 더 이상 찾아볼 수 없었다. 그리하여 세상은 마침내 춘추 전국의 대혼란기로 접어들게 된다. 주나라가 통치력을 잃고 성주(낙읍)로 수도를 옮긴 기원전 770년을 경계로 그 이전을 서주(西周), 그 이후를 동주(東周)라 부르는 것이 일반적이다. 이렇게 무왕이 막을 연 서주 시대는 역사의 뒤안길로 사라졌다.

서주가 멸망한 뒤 한 고위 관리가 옛 수도 호경의 황폐함을 개탄하며 「서리(黍離)」라는 노래를 지었다.

저기 기장은 주렁주렁 (彼黍離離)
저기 수수는 싹이 텄네 (彼稷之苗)

터벅터벅 가는 이 길 (行邁靡靡)

마음 둘 곳 없어라 (中心搖搖)

(중략)

아득한 푸른 하늘이여 (悠悠蒼天)

(유왕) 그는 대체 어찌된 인간인가! (此何人哉)

  서주의 멸망을 탄식한 「서리」는 은나라 망국의 비애를 노래한 기자의 「맥수가」와 짝을 이루는 것이라 하겠다. 여기서 유래한 서리지탄(黍離之嘆)은 세상의 성쇠가 무상함을 이르는 말로 쓰이게 되었다.

공자가 제자에게 수업하는 그림
(『공성가어도(孔聖家語圖)』)

제2장
「오월동주」
── 난세를 살아가는 모습

1 춘추오패

기원전 770년, 가까스로 주 왕조의 명맥을 이은 평왕(平王)이 성주(成周, 낙읍洛邑)로 천도하면서 동주(東周, 기원전 770~256) 시대가 열렸다. 하지만 동주는 정권 기반이 취약하여 전국 각지에 거점을 둔 제후들이 들고 일어나 순식간에 세력을 키워갔다. 드디어 각 지방의 제후들이 뒤엉켜 천하의 패권을 다툰 춘추(春秋, 기원전 770~403) 시대의 막이 오른 것이다. 300여 년에 걸친 이 난세 동안, 동주 왕조의 정통성을 보호한다는 명분으로 회맹(會盟, 각 지방 제후들이 모여 중대사를 결정하던 회합-역자 주)을 주도해 제후 동맹의 지도자 곧 '패자(霸者)'가 된 다섯 사람이 있었다. 이른바 춘추오패(春秋五霸)다. 오패로 누구를 꼽는지에 대해서는 여러 설이 존재한다. 제(齊) 환공(桓公, 재위 기원전 685~643), 진(晉) 문공(文公, 재위 기원전 636~628), 초(楚) 장왕(莊王, 재위 기원전 613~591), 송(宋) 양공(襄公, 재위 기원전 650~637), 진(秦) 목공(穆公, 목공繆公이라고도 한다. 재위 기원전 659~621)을 오패로 보는 견해가 있고, 양공과 목공 대신 오왕(吳王) 부차(夫差, 재위 기원전 495~473)와 월왕(越王) 구천(句踐, 구천勾踐이라고도 한다. 재위 기원전 497~465)을 포함시키기도 한다.

제의 환공

  오패 중 제일 먼저 손꼽히는 제나라 환공(桓公)은 치열한 후계자 다툼 끝에 제후에 오른 인물이다. 제나라는 주나라의 으뜸 공신인 태공망(太公望) 여상(呂尙)을 시조로 하는 나라로 수도는 임치(臨淄, 산동 성 임치 현)였다.

  환공의 본명은 소백(小白)이며, 제나라 14다 제후 양공(襄公)의 아우였다. 그런데 양공은 안팎으로 군란한 짓을 일삼던 성격 이상자로 악명이 높았다. 이런 형에게 위해를 당할까 두려워한 아우 소백과 규(糾)는 결국 제나라를 탈출해 각각 거(莒)나라와 노(魯)나라로 몸을 피했다. 규와 소백은 이복형제였고, 규의 경우 모친이 노나라의 공녀(公女)였기 때문에 노나라로 피한 것이다. 이렇게 망명 중에 있던 소백을 도운 사람이 포숙(鮑叔, 생몰년 미상), 규를 도운 사람이 관중(管仲, ?~기원전 645)과 소홀(召忽)이다.

  소백과 규가 망명한 뒤 제나라에는 내란이 일어났다. 그들에게도 마침내 기회가 찾아온 것이다. 선수를 친 쪽은 제나라에 가까운 거나라에 머물던 소백이었다. 재빨리 제나라로 돌아와 즉위한 소백은 규를 지원하던 노나라 군대를 격파했다. 결국 규는 소백, 곧 환공의 보복을 두려워한 노나라 군대에 살해당하고 말았다.

이때 규를 보좌하던 두 사람 중 소홀은 스스로 목숨을 끊었지만, 관중은 환공에게 항복했다. 환공은 일전에 자신을 활로 쏘아 죽이려 했던 관중에게 앙금이 남아 있던 터라 그를 처형하려 했다. 하지만 포숙이 "천하의 패자가 되기 위해서는 관중같이 유능한 인재가 필요하다"며 강력히 추천하자, 환공도 관중을 너그럽게 받아들였다. 그리하여 제나라의 정치·군사 책임자가 된 관중은 훗날 환공을 패자로 끌어올리는 데 가장 큰 공로자가 되었던 것이다.

사실 관중과 포숙은 어린 시절부터 절친한 친구 사이였다. 두 사람이 함께 장사를 할 때, 포숙이 가난한 관중의 처지를 이해하여 그가 몫을 더 많이 챙겨 가도 비난하지 않았다는 이야기도 전한다. 관중은 옛 우정을 잊지 않은 포숙의 배려로 가까스로 목숨을 건질 수 있었고, 제나라 정권의 최고 실력자까지 오르는 행운을 거머쥐었던 것이다. 이런 관중과 포숙의 돈독한 우정을 가리켜 '관포지

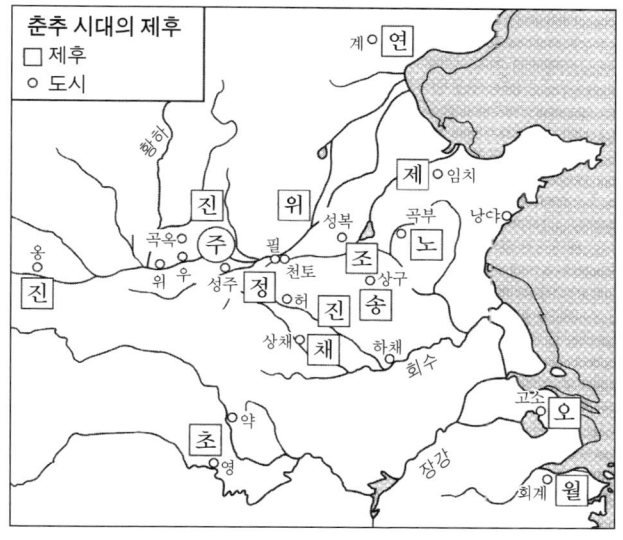

교(管鮑之交)'라고 하며, 후에 친한 친구 사이의 우정을 이르는 말로 널리 쓰이게 되었다.

유능한 관중의 보좌로 제나라는 점차 부강해졌고, 환공은 아홉 번이나 회맹을 개최하여 춘추 시대 첫 패자의 영예를 안았다. 공자(孔子)는 『논어(論語)』「헌문(憲問)」편에서 다음과 같이 관중을 칭송하고 있다.

관중은 환공을 도와 제후들의 패자가 되게 하여 천하를 크게 한 번 바로잡았다. 백성들은 지금까지도 그 혜택을 받고 있다. 관중이 없었더라면 우리는 (이민족의 지배를 받고 그 풍속에 따라) 머리를 풀어헤치고 옷깃을 왼쪽으로 여미게 되었을 것이다. (微管仲, 吾其被髮左矣)

관중보다 200여 년 뒤에 태어난 공자가 이토록 관중을 칭송한 것을 보면, 그의 업적이 얼마나 뛰어났는지 짐작할 수 있을 것이다.

관중은 환공을 도와 제나라 발전을 위해 힘쓴 지 41년 만에 세상을 떠났다. 관중을 잃은 뒤 급속도로 쇠약해진 환공은 후계자 선정을 둘러싸고 일어난 내분 중에 숨을 거두고 만다. 관중이 죽고 겨우 2년 뒤에 벌어진 일이다. 그 후 제나라는 내란으로 요동치다가 결국 패자로서의 힘을 잃고 말았다.

기적의 패자, 진의 문공

제나라 환공에 이어 제후 동맹의 패자가 된 사람은 진(晉)나라 문공(文公)으로, 본명은 중이(重耳)였다. 전설에 따르면 진나라의 시조는 주나라 성왕(成王)의 아우인 숙우(叔虞)라고 한다. 동주 초기 진나라에서는 본가(本家)와 분가(分家)가 주도권 다툼을 벌인 끝에 분가가 우위를 차지하게 되었다. 중이의 조부인 무공(武公, 재위 기원전 678~677)은 본가를 전멸시키고 정식으로 진나라 제후로 즉위했다. 곧이어 무공의 아들이자 중이의 아버지인 헌공(獻公, 재위 기원전 676~651)이 주변의 작은 나라와 이민족들을 차례로 멸망시키면서, 진나라는 서방의 대국으로 두각을 드러냈다.

헌공은 대단히 정력적인 인물이었다. 그런 헌공의 행실은 본인의 의도와는 달리 집안에 분란을 일으켰다. 진나라가 서방 이민족인 여융(驪戎)을 공격할 당시, 헌공은 여희(驪姬)라는 미녀와 그 여동생을 데리고 돌아와 측실(側室)로 삼았다. 얼마 후 여희가 아들 해제(奚齊)를 낳자, 헌공은 해제를 태자로 삼으려 했다. 하지만 그에게는 이미 신생(申生), 중이, 이오(夷吾)라는 훌륭한 세 아들이 있었고, 장남인 신생이 태자로 정해져 있는 상황이었다. 그러나 여

회의 교묘한 술책으로 헌공의 질타를 받은 신생은 자살하고, 중이는 이민족 출신인 어머니의 나라 적(狄)으로, 이오는 양(梁)으로 각각 망명하기에 이르렀다.

시간이 흘러 헌공이 죽자 진나라에서는 내란이 일어났다. 이때를 틈타 이오가 이웃한 진(秦)나라의 지원을 받아 귀국해 즉위하니, 바로 혜공(惠公, 재위 기원전 650~637)이다. 즉위 7년 뒤인 기원전 643년, 혜공은 혹여 자신의 자리를 빼앗길까 두려워 형 중이를 암살하려고 했다. 그러나 미리 이 정보를 입수한 중이는 급히 적나라를 떠나 제나라 환공에게 몸을 의탁했다. 이때 중이의 나이 이미 55세였다.

제나라로 피신한 지 5년, 원래부터 권력욕이 없던 중이는 환공의 딸과 결혼까지 하여 안락한 생활에 안주하고 있었다. 자신의 나라로 돌아갈 의지조차 잃어버리고 마냥 태평한 중이를 보며 애태우던 신하들은 하는 수 없이 중이를 제나라에서 억지로 데리고 나왔다. 이때부터 중이는 진나라 귀환을 최종 목표로 여러 나라를 전전하기 시작했다.

제나라를 떠난 중이와 신하들은 조(曹), 송(宋), 정(鄭)나라를 거쳐 당시 부쩍 세력을 키워가던 남방의 대국 초(楚)

나라에 도착했다. 초나라 성왕(成王, 재위 기원전 671~626)은 예를 다해 중이를 맞으면서 이렇게 물었다.

"귀국하게 되면 무엇으로 나에게 보답하겠소?"

중이가 대답했다.

"부득이하게 평야나 습지에서 왕과 전쟁을 벌이게 될 경우, 전투가 시작되기 전에 우리 군대를 삼사(三舍, 90리. 일사는 30리. 춘추시대의 1리는 405미터) 뒤로 후퇴시키겠습니다."

이 대답에 크게 만족한 성왕은 중이와 신하들을 수개월에 걸쳐 초나라에 머물도록 했다.

중이가 초나라에 체류하는 사이, 진나라의 상황은 급변하고 있었다. 중이의 아우인 이오, 곧 혜공이 병이 나자, 인질(人質)로 진(秦)나라에 가 있던 혜공의 아들 자어(子圉)가 탈출해 고국으로 돌아왔던 것이다. 진(秦)나라 군주 목공(穆公)은 이를 매우 불쾌히 여기며, 그에 대한 견제 조치로 초나라에 있던 중이를 초빙해 딸과 결혼시키고 후하게 대우했다. 기원전 637년 혜공이 죽고 자어가 즉위하여 회공(懷公)이 되자, 목공은 진(晉)나라로 군대를 출동시켜 중이의 귀국을 도왔다. 그 결과 중이는 19년에 걸친 망명 생활을 끝내고 조국으로 돌아와 회공을 제거하고 즉위할 수 있었다. 이리하여 도망자 중이는 진 문공으로 거듭났던 것이다. 당시 중이의 나이는 무려 62세였다.

문공은 훌륭한 군주였다. 그는 행정·경제·군사 제도를 정비함으로써 국가 기반을 공고히 다져, 점차 여러 제후들 사이에서 두각을 드러내기 시작했다. 그런 문공을 패자로 끌어올린 결정적인 사건은 초나라와의 전투였다. 기원전 633년, 초나라는 북쪽으로 군대를 전진시켜 송나라 수도를 포위했다. 그 다음 해 문공은 송나라의 구원 요청을 받고 출병, 진(秦)·제·송 군대와 협력해 성복(城濮, 하남 성 복양濮陽 현)에서 초나라 군대와 대결하게 되었다. 전투가 시작되기 직전, 놀랍게도 문공은 자신의 군대를 대폭 후퇴시켰다. 어려웠던 시절 자신을 도와준 초나라 성왕에게 했던 '삼사 후퇴'의 약속을 지킨 것이다. 이 후퇴에도 불구하고 진(晉)·진(秦)·제·송의 중원(中原) 연합군은 결국 전투를 승리로 이끌어 초나라의 북방 진출을 저지하는 데 성공했다. 이와 같이 문공의 고사에서 유래한 퇴피삼사(退避三舍)는 충돌을 피하기 위해 멀찌감치 물러남을 이르는 말로 쓰인다.

'성복 전투'에서 승리한 문공은 천토(踐土)라는 곳에 왕궁을 지은 뒤 동주의 양왕(襄王)을 모시고 제, 노, 송, 정, 위(衛) 등 여러 나라 제후들을 불러 모음으로써, 제나라 환공의 뒤를 이어 춘추 시대 두 번째 패자가 되었다. 패자로서 중원(中原, 황하 중·하류 지역)의 여러 나라들을 통솔한 지 5년째 되던 기원전 628년, 문공은 72세의 나이로 숨을 거두었다. 19년에 이르는 망명 생활을 거쳐 예순이 훌쩍 넘어 제후에 오르고, 마침내 위대한 패자가 된 문공은 정녕 기적적인 인물이라 할 수 있을 것이다.

쇠약해진 동주 왕조를 능가하는 실력을 가지고 있으면서도 끝까지 천자를 보좌하며 천하의 안정을 위해 애썼던 제 환공과 진 문공은, '제환진문(齊桓晉文)'으로 불리면서 이후 오랫동안 사람들의 칭송을 받았으며, 동경의 대상이 되었다. 예를 들어 『삼국지(三國志)』의 영웅 중 하나인 위(魏)나라 조조(曹操, 155~220)는 자신에게 후한(後漢) 왕조를 대신할 의사가 없음을 강조하며, 「자명본지령(自明本志令)」에서 다음과 같이 밝히고 있다.

"제 환공과 진 문공이 지금까지 명성을 날리고 있는 것은 그렇게 강대한 군사력을 가지고 있었으면서도 동주 왕조를 변함없이 잘 섬겼기 때문이다."

"울지 않고 날지 않는" 초의 장왕

제 환공과 진 문공의 뒤를 이어 춘추 시대 세 번째 패자가 된 사람은 초나라의 장왕(莊王)이다. 장강 중류 지역에 위치한 초나라는 원래 남방계 이민족이 세운 나라였다. 서주 시대 초나라 제후 가운데는 "우리는 남방 오랑캐다. 중국의 호칭법 따위와는 상관이 없다"라고 하면서, 주 왕조의 군주만 '왕(王)'이란 명칭을 쓸 수 있다는 관례를 무시하고 왕이라 자칭한 이도 있었다. 동주의 권력이 사실상 유명무실해진 춘추 시대에 와서는 점차 국력을 기른 초나라가 중원의 여러 나라를 위협하는 거대 세력으로 자리 잡았다.

기원전 704년, 초나라 군주 웅통(熊通)은 이러한 선조의 예를 따라 스스로 무왕(武王, 재위 기원전 740~690)이라 칭함으로써 자립하겠다는 의지를 분명히 했다. 망명 중이던 중이를 예우하기도 하고 '성복 전투'에서 패배를 맛보기도 했던 초나라 성왕은 바로 이 무왕의 손자다. 성왕은 집안의 내분에 휘말려, 훗날 즉위해 목왕(穆王, 재위 기원전 625~614)이 되는 아들 상신(商臣)의 군대에 성을 포위당한 채 자살하고 만다. 성왕은 죽기 직전 최후의 만찬으로 천하진

미인 곰 발바닥 요리를 먹게 해달라고 간청했지만, 목왕이 이를 매정하게 뿌리쳤다는 웃지 못할 이야기도 전한다. 이 비정한 목왕은 군사적 지략이 뛰어나, 북쪽으로 잇달아 군대를 파견해 작은 나라들을 쳐부수고 황하 남쪽까지 세력을 확대했다.

목왕이 재위 12년 만에 병으로 죽자 그 뒤를 이어 아들 여(侶)가 즉위하니, 바로 초나라 장왕(莊王)이다. 그런데 장왕은 즉위한 지 3년이 되도록 술과 미녀에 정신이 팔려 나랏일을 돌볼 생각이라곤 전혀 하지 않았다. 대를 태우던 한 신하가 장왕에게 넌지시 물었다.

"어떤 새가 산등성이에 있는데, 3년 동안 날지도 않고 울지도 않습니다. 이 새는 도대체 어떻게 된 겉일까요?"

그러자 장왕이 대답했다.

"3년을 날지 않았으니 한번 날면 하늘 끝까지 날아오를 것이요, 3년을 울지 않았으니 한번 울면 사람들을 깜짝 놀라게 할 것이오."

다만 자신은 때를 기다리고 있을 뿐이라며 호언장담한 것이다. 이 고사에 근거해 날지도 않고 울지도 않는다는 본뜻을 가진 '불비불명(不飛不鳴)'은, 더욱 큰일을 도모하기 위해 조용히 때를 기다린다는 의미로 널리 쓰이게 되었다.

얼마 후 장왕은 장담했던 대로 행실을 고쳐 완전히 다른 사람으로 거듭났다. 그는 내정을 충실히 하는 한편, 조부와 부친의 숙원이었던 북방 진출을 개시해 기원전 606년 동주의 수도인 낙읍(洛邑) 교외까지 군대를 전진시켰다. 장왕의 공세에 몰린 동주의 정왕(定王)은 신하 왕손만(王孫滿)을 보내 그의 노고를 위로하며 슬쩍 마음을 떠보게 했다. 그러자 장왕은 왕손만에게 천자의 상징으로 주나라에 전해 내려오는 솥인 '정(鼎)' 9개의 크기와 무게를 물었다. 사실상 이 '구정(九鼎)'을 초나라로 가져가겠다고 으름장을 놓았던 것이다. 그러자 왕손만이 의연하게 말했다.

"주나라의 덕(德)은 비록 쇠했지만 천명(天命)은 아직 바뀌지 않았습니다. 솥의 무게는 아직 물을 수 있는 것이 아닙니다."

왕손만의 꼿꼿하고 빈틈없는 태도에 말문이 막힌 장왕은 군대를 이끌고 허망하게 귀환할 수밖에 없었다. 이 고사에서 "솥의 무게를 묻다" 곧 '문정경중(問鼎輕重)'이라는 성어가 비롯되었다. 이 말은 차츰 그 의미가 확장되어, 현재는 어떤 지위에 있는 사람의 실력을 의심하여 그 지위를 빼앗으려 하는 경우에 사용되고 있다.

장왕은 이후에도 북방 진출을 계속해, 기원전 597년에는 진(晉)나라 군대와 황하 남쪽의 필(邲) 땅에서 격전을 벌였다. 필 전투는 초나라의 대승으로 끝났고, 그 덕분에 장왕은 중원의 패자가 될 수 있었다. 하지만 그로부터 6년 뒤 장왕이 죽고 나자 진나라도 점차 세력을 회복해, 북방의 대국 진과 남방의 대국 초가 패권을 겨루는 형세가 전개되었다. 한편 동방의 대국 제와 서방의 대국 진(秦) 또한 눈을 번뜩이며 진나라와 초나라의 움직임을 주시하고 있었기 때문에, 전체적으로는 네 대국이 서로 견제하는 상황이 계속되었다.

중간을 이은 패자, 송의 양공

제 환공, 진 문공, 초 장왕은 여러 사람의 의견이 일치하는 명실상부한 패자이다. 하지만 오패 중 나머지 두 사람인 송 양공(襄公)과 진(秦) 목공(穆公)은 이 세 사람과 같은 큰 영향력이 없었기 때문에, 패자에 준하는 정도의 위치만 부여하는 것이 일반적이다.

송나라 양공은 거드름 피우기 좋아하는 사람이었다. 아버지가 죽자 인망이 높던 이복형 목이(目夷)에게 후계자 자리를 양보하려 했던 것도 그러한 성향이 드러난 결과다. 목이가 그 제안을 한사코 사양하여 결국 양공이 송나라 제후가 되었지만, 대신 양공은 목이를 재상(宰相)으로 임명해 행정을 담당케 했다.

목이의 뛰어난 수완 덕분에 송나라의 국력은 강화되었다. 이를 발판으로 양공은 주변 여러 나라의 군대를 통솔하여 환공이 죽은 후 혼란이 극에 달해 있던 제나라를 공격했다. 그리하여 제나라의 내란을 평정하고 효공(孝公)을 즉위시켰다. 자신감을 얻은 양공은 패자가 되겠다는 야심 찬 계획을 세우고 제후들을 모아 회맹을 개최했다. 하지만 제후들의 일치된 동의와 신뢰를 얻어내지는 못했다.

기원전 639년, 양공은 패자가 되겠다는 야심을 버리지 못하고 다시 한 번 우(盂) 땅에 제후들을 소집했다. 그러자 초나라 성왕은 이에 반감을 품고 양공을 사로잡은 다음 송나라를 공격했다. 초나라가 으름장을 놓은 것이다. 양공은 곧 풀려났지만, 이 사건을 계기로 그 다음 해부터 송나라와 초나라는 본격적인 대결을 벌이게 된다.

나라의 흥망이 걸린 운명의 갈림길에서, 양공은 타고난 기질을 버리지 못하고 거들먹거리다 어처구니없이 쓰디쓴 패배를 맛보았다. 초나라 군대와 홍수(泓水)를 사이에 두고 대치한 상황에서 느긋하게도 적의 군대가 전열을 다 가다듬을 때까지 기다렸다가 공격을 개시한 것이다. 그 결과 송나라 군대는 전멸하고 양공 자신도 부상을 당하는 처지가 되었다. 그런데도 양공은 "적군이 전열을 가다듬지 않은 상황에서 공격해서는 안 된다"며 상황에 맞지 않는 원칙만 강조할 뿐, 자신의 어리석음을 후회하는 기미라곤 조금도 보이지 않았다. 이것이 흔히 말하는 '송 양공의 어진 마음' 곧 '송양지인(宋襄之仁)'이다. 이후 사람이 너무 어수룩하여 쓸데없는 인정을 베푸는 것을 '송양지인'이라 부르게 되었다.

양공은 초나라와의 전투에서 입은 부상이 원인이 되어 다음 해인 기원전 637년에 세상을 떠났다. 이후 세력을 회복하여 북쪽으로 진출해온 초나라를 저지함으로써 중원의 저력을 과시했던 사람이 다름 아닌 진(晉) 문공이었다. 요컨대 송 양공은 위대한 두 패자인 제 환공과 진 문공 사이에 출현했던 소패자(小覇者)라고 할 수 있다.

진나라 약진의 기초를 다지다

또 다른 소패자인 진(秦) 목공(穆公)도 제 환공, 진(晉) 문공, 송 양공과 거의 동시대에 활약했던 인물이다. 진(秦)은 원래 중국 서북부 변경에 있던 유목 민족이 세운 나라로, 점차 세력을 강화하면서 동쪽으로 이주한 것으로 보인다. 진나라가 정식으로 제후국이 된 것은 동주가 시작된 기원전 770년이었다. 이로부터 100여 년이 지나 제후 자리에 오른 목공은 백리해(百里奚)와 건숙(蹇叔) 같은 유능한 인재를 얻어 내정과 군사를 정비하고 국력을 강화하는 데 힘을 쏟았다.

진(秦)나라와 진(晉)나라는 여러모로 깊은 관계를 맺고 있었다. 그렇기 때문에 앞서 얘기했던 것처럼 목공이 망명 중이던 진(晉)나라 공자 중이가 귀국해 즉위할 수 있도록 도왔던 것이다. 이런 인연으로 중이, 곧 문공이 힘을 키워 패자가 되는 동안, 목공은 진나라와의 협력 관계를 계속 유지할 수 있었다.

하지만 기원전 628년 진 문공이 죽자마자 두 나라의 협력 관계는 금이 가기 시작했다. 다음 해 진(秦)나라 군대는 효(殽) 지방에서 문공의 후계자 양공(襄公)이 통솔하는 군대와 교전을 벌였다. 그러나 이 전투에서 진(秦)나라는 참패를 당했고, 정세 판단을 잘못한 장군 세 명도 사로잡혀 진(晉)나라로 연행되고 말았다. 이때 진(秦) 목공의 딸인, 진(晉) 문공의 부인이 양공에게 탄원했다.

"목공은 이 세 장군을 골수에 사무칠 정도로 증오하고 있을 것입니다. 모쪼록 이들을 그대로 돌려보내 목공이 마음대로 삶아 죽일 수 있게 해주십시오."

양공은 그 청을 받아들여 세 장군을 돌려보냈지만, 목공은 무리하게 전쟁에 나선 자신의 잘못이라며 그들의 죄를 묻지 않았다. 결과적으로 진(晉) 문공의 부인은 세 장군의 목숨을 구해주었던 것이다. 어쨌든 이 고사에 근거해 누군가를 몹시 원망하고 미워하는 것을 가리켜 원한이 뼛속에 사무친다는 뜻의 원입골수(怨入骨髓) 또는 원철골수(怨徹骨髓)라 부르게 되었다.

세 장군의 목숨을 살려준 목공은 기원전 625년 또다시 출병했고, 이번에는 진(晉)나라 군대를 가차 없이 격파해 그 공세를 봉쇄했다. 그뿐만 아니라 원정길에 올라 서융(西戎, 서쪽 변방의 이민족)의 열두 나라를 정벌해 영토를 확장했다. 이렇게 목공은 서융의 여러 나라를 다스리는 패자가 되었지만, 불과 몇 년 뒤인 기원전 621년 숨을 거두었다.

시기상으로 보면 진(秦) 목공은 진(晉) 문공과 초 장왕 사이에 나타난 소패자 같은 존재지만, 단지 서융의 지배자였을 뿐 중원을 아우르는 패자가 되지는 못했다. 하지만 역사적으로 보면, 이 목공 시대에 진(秦)나라가 훗날 대제국으로 비약하게 되는 기반을 공고히 했던 것은 틀림없는 사실이다.

오와 월의 전쟁

기원전 6세기 말에서 5세기 초에 이르는 춘추 시대 말기, 제 · 진(晉) · 진(秦) · 초나라의 네 강대국이 첨예하게 대립하던 양상에 큰 변화가 일어났다. 초나라의 동남쪽에 자리한 오(吳)나라와 월(越)나라가 잇달아 강대국으로 성장해 북방을 압박해온 것이다. 먼저 강남(江南, 장강 이남 지역)의 소주(蘇州)를 근거지로 한 오나라가 세력을 키워, 기원전 506년 오왕 합려(闔閭, 재위 기원전 514~496)가 인접한 대국 초나라를 무찌르고 강남 제일의 실력자로 급부상했다. 오나라는 옛 주나라 선조인 고공단보(古公亶父)의 장남 태백(太伯)이 세웠다는 전설이 있다.

오나라가 초나라에 승리한 데는 합려의 참모인 오자서(伍子胥, ?~기원전 484)의 힘이 컸다. 오자서는 아버지와 형을 죽인 초나라 평왕(平王, 재위 기원전 528~516)에게 복수하겠다는 일념을 불태우며 오나라로 망명한 인물이다. 오나라 군대가 초나라 수도 영(郢)을 함락했을 때, 오자서는 이미 사망한 평왕의 묘를 파헤치고 시체를 끌어내 300번이나 채찍질하여 복수했다고 한다. 여기서 죽은 사람을 비난한다는 의미로 쓰이는 '편시(鞭屍, 시체에 채쯔질하다)'가 유래하였다.

그 후 오나라 남쪽에 자리한 월나라가 점차 힘을 키우면서 종종 오나라에 싸움을 걸어왔다. 기원전 496년 합려는 월나라의 젊은 왕 구천(句踐, 재위 기원전 497~465)과의 전쟁에서 패배한 뒤 아들 부차(夫差)에게 "월나라에 진 이 빚을 절대 잊지 마라"는 유언을 남기고 죽었다. 부차는 날마다 불편한 섶 위에서 잠을 자며(와신, 臥薪) 월나라를 향한 원한을 불태웠다. 그리고 오자서의 도움을 받아 기원전 494년 마침내 월나라를 격파하고 대승을 거둠으로써 아버지의 유언을 지켰다.

참패한 월나라 구천은 명참모 범려(范蠡)의 의견대로 오나라의 탐욕스러운 태재(太宰) 비(嚭)에게 뇌물을 갖다 바쳤고, 그의 주선으로 만나게 된 부차에게 공격을 멈추고 화평을 맺어달라고 간청했다. 이 작전이 성공해 간신히 멸망을 피한 구천은 이후 쓰디쓴 쓸개를 씹으면서(상담, 嘗膽) 패배의 굴욕을 되새기고 부차에 대한 복수의 염을 키워갔다. 오나라와 월나라의 싸움을 상징하는 단어인 부차의 '와신'과 구천의 '상담'은 이후 '와신상담(臥薪嘗膽)'으로 불리면서, 미래의 재기를 기약하며 현재의 고통을 참고 견딘다는 의미로 널리 쓰이게 되었다.

참모인 범려와 함께 오나라에 설욕할 날을 준비해온 월왕 구천은 이윽고 여색을 좋아하는 부차를 농락(籠絡)할 만한 월나라 최고의 미녀 서시(西施)를 오나라로 들여보냈다. 이 서시의 뛰어난 미모는 후세에 여러 전설을 낳았다. 한번은 서시가 병에 걸려 가슴의 통증 때문에 눈썹을 찡그렸다. 그러자 그 병약해 보이는 아름다움에 감동한 한 추녀가 서시를 흉내 내 눈썹을 찡그리고 다녔다. 하지만 그 모습이 얼마나 무시무시했던지, 보는 사람마다 기겁하며 진저리를 쳤다고 한다. 함부로 다른 사람을 흉내 내는 것을 가리켜 '효빈(效顰)'이라 하는 것은 이 서시의 일화에서 비롯되었다. 또한 북송 시대의 대시인 소식(蘇軾, 호는 동파東坡. 1036~1101)은 서시의 미모를 풍광이 아름다운 항주(杭州)의 서호(西湖)에 비유한 시를 짓기도 했다. 일본 에도(江戶)시대의 시인 마쓰오 바쇼(松尾芭蕉, 1644~1694)의 하이쿠 "기사카타(象潟)여 비에 젖은 자귀꽃 서시(西施)를 보네"는 소식의 시에서 이미지를 차용한 것이다.

구천의 계략대로, 절세미인 서시를 본 오나라 부차는 한눈에 그녀에게 빠져 지도자로서의 판단력조차 흐려지게 되었다. 그 결과 부차는 이런저런 쓴 소리를 해대는 명참모 오자서를 꺼리게 되었고, 기원전 484년 결국 오자서는 자살을 택하게 된다. 이때 그는 다음과 같은 비장한 유언을 남겼다.

"내 무덤가에 가래나무를 심어라. 그 나무로 오왕 부차의 관을 만들 터이니! 내 눈을 뽑아다 오나라 동쪽 문에 걸어라. 그 눈으로 월나라 군대가 쳐들어와 오나라를 멸망시키는 꼴을 끝까지 지켜볼 터이니!"

이 원한 서린 저주 때문이었는지, 오자서가 죽고 얼마 후 오나라는 멸망의 나락으로 굴러 떨어지게 된다.

비밀리에 군비를 확충하며 복수의 기회를 노리고 있던 월왕 구천은 부차를 조금씩 궁지로 몰아갔다. 그리고 기원전 473년 구천에게 성을 포위당한 부차는 끝내 자살하고 말았다. 죽음을 눈앞에 두고, 부차는 저세상에서 오자서를 볼 면목이 없다며 얼굴을 검은 수건으로 가린 채 숨을 거두었다고 한다.

이렇게 오나라는 멸망하고, 20년 넘게 지속된 두 나라 간의 싸움도 막을 내렸다. 후세에 사이가 나쁜 사람들이 공통의 목적을 달성하기 위해 서로 손잡는 일을 '오월동주(吳越同舟)'라 부르게 되었지만, 실제로 두 나라는 '동주' 곧 같은 배를 타기는커녕 한쪽이 완전히 멸망할 때까지 싸움을 그치지 않았던 것이다.

월왕 구천이 오왕 부차에게 승리할 수 있었던 것은 무엇보다도 명참모 범려의 도움이 있었기 때문이다. 그러나 뜻밖에도 공을 세운 범려는 오나라와의 전쟁이 끝난 직후 몰래 구천 곁을 떠나 국외로 탈출했다. 오자서의 예에서도 알 수 있듯이, 목적을 달성한 권력자는 대부분 그 과정에서 큰 공을 세운 유력한 중신을 관직에서 배제하거나 이런저런 구실을 붙여 제거하기 일쑤이다. 범려는 그런 위험을 예견하고 재빨리 몸을 숨겼던 것이다.

떠나면서 범려는 "교활한 토끼가 죽으면 충실한 사냥개는 삶아 먹힌다(狡兎死, 走狗烹)"는 명언을 남겼다. 적이 없어지면 공로를 세운 신하는 오히려 방해가 되기 때문에 죽임을 당한다는 뜻이다. 이것의 줄임말인 토사구팽(兎死狗烹)은 오늘날 보다 일반적인 의미로, 어떤 사람을 필요할 때만 이용하고 쓸모없어지면 야박하게 버리는 경우를 이를 때 쓰인다. 범려와는 대조적으로, 구천의 승리에 역시 지대한 공헌을 했던 대부(大夫) 종(種)은 위험을 피하라는 범려의 충고를 흘려듣고 월나라에 그대로 머무르다가 결국 구천에게 버림받고 자살하는 딱한 신세가 되었다.

잠시 여담을 하자면, 이 현명한 범려에게는 아름다운 사랑에 관한 전설이 전해오고 있다. 오나라 제후 부차를 홀린 절세의 미녀 서시가 사실은 범려의 애인이었다는 것이다. 오나라가 멸망한 후 두 사람은 함께 손을 맞잡고 오나라를 떠났으며, 그 후 범려는 '도주공(陶朱公)'이라 불리는 큰 상인이 되었다는 이야기다.

오나라가 멸망한 후 그리 긴 시간이 흐르지 않아 월나라도 그 뒤를 따랐다. 중국 남부 지역에 홀연히 나타났다 사라진 오나라와 월나라는 정녕 환영 같은 강대국이었다고 말할 수 있을 것이다.

앞서 잠시 언급한 것처럼 오왕 부차와 월왕 구천을 오패에 포함시키는 설도 있다. 부차가 기원전 482년 북진(北進)해 황지(黃池)에서 제후들을 소집하고 회맹을 개최하여 패자가 되었다는 사실, 그리고 구천 역시 오나라를 멸망시킨 뒤 서주(徐州)에서 제후들과 회합을 가지고 동주 왕조로부터 후백(侯伯) 곧 패자로 인정받았다는 기록이 그 근거이다. 다만 이 둘은 패자로서 세력을 떨친 시기가 매우 짧았기 때문에, 송 양공 및 진(秦) 목공과 마찬가지로 소패자에 지나지 않았다고 할 수 있다.

2 공자의 등장

대사상가의 생애

사마천의 『사기』에는 총 10권으로 구성된 「표(表)」라는 부분이 있다. 그 가운데 「십이제후연표(十二諸侯年表)」는 춘추 시대 열두 나라의 관계를 한눈에 보여주는 대조표라고 할 수 있다. 이 나라들을 모두 열거해보면, 노(魯), 제(齊), 진(晉), 진(秦), 초(楚), 송(宋), 위(衛), 진(陳), 채(蔡) 조(曹), 정(鄭), 연(燕), 오(吳)다(실제로는 열세 나라지만 오나라는 아주 늦게야 두각을 나타냈기 때문에 연표에서는 헤아리지 않는 듯하다).

연표의 제일 앞에 놓인 노나라는 소국이었지만, 주 왕조 성립에 큰 공을 세운 주공(周公) 단(旦)의 아들 백금(伯禽)이 제후로 봉해진 곳이기 때문에 제후국의 신분과 등급에서 다른 나라들을 압도하는 면이 있었다. 노나라 다음에 나오는 제, 진(晉), 진(秦)나라는 두말할 나위 없는 북방의 강대국이었으며, 초나라는 남방에서 큰 세력을 떨치던 나라였다. 그리고 송나라 이하의 나라들은 약소국이었다.

춘추 시대 후기로 접어들면서 이 약소국들은 제, 진(晉), 진(秦), 초 네 강대국 간의 각축전에 휘말려, 제후국 간의 등급 따위는 사실상 그 효력을 잃게 되었다. 게다가 강대국과 약소국을 불문하고 하극상(下剋上)의 풍조가 만연해 있었다. 제후의 권위가 땅에 떨어진 대신, 실력자인 중신(重臣)이 조정을 장악하거나 그 중신 역시 아랫사람에게 자리를 빼앗기는 권력의 역전 현상이 빈번하게 일어났다. 이런 험악한 시대 상황에서 강대국 제나라와 약소국 정나라에는 각각 안영(晏嬰, ?~기원전 500)과 자산(子産, ?~기원전 522)이라는 현명한 재상이 등장해 정치 및 외교 분야의 여러 방면에 걸쳐 눈부신 활약을 펼쳤다.

그 즈음에 유서 깊은 노나라에서는 한 대사상가가 탄생했다. 바로 유가 사상과 유교의 시조인 공자(孔子, 기원전 551~479)다. 공자가 태어나기 전부터 노나라에도 예외 없이 하극상의 바람이 휘몰아치고 있었다. '삼환(三桓)'이라 불리는 계손씨(季孫氏), 숙손씨(叔孫氏), 맹손씨(孟孫氏)의 세 공족(公族, 왕이나 공公의 일족)이 실권을 장악하고 제멋대로 나랏일을 주무르는 바람에 지도자인 군주는 없는 것이나 마찬가지인 상황이었다.

공자는 하급 계층 출신으로, 그 부모 또한 정식으로 혼인한 부부가 아니었다고 한다. 온갖 역경을 겪으며 성장한 공자는 매우 가난한 환경 속에서도 학문에 힘쓰며 소년 시절을 보냈다. 만년에 공자는 자신의 생애를 돌아보며 이렇게 술회하고 있다.

나는 열다섯에 학문에 뜻을 두었고, 서른에 학문의 기초를 세웠다. 사십에는 나의 학문과 삶의 방식에 의혹을 품지 않게 되었고, 오십에는 하늘이 내게 부여한 사명을 알았다. 육십에는 나와 다른 의견을 듣고도 반발하지 않게 되었으며, 칠십에는 마음먹은 대로 행동해도 법도에 벗어남이 없었다.

이 구절을 근거로 사람의 나이 열다섯 살을 '지학(志學)', 서른 살을 '이립(而立)', 마흔 살을 '불혹(不惑)', 쉰 살을 '지천명(知天命)', 예순 살을 '이순(耳順)', 일흔 살을 '종심(從心)'이라고 달리 부르게 된 것이다. 이 구절에는 공자가 걸어온 삶의 궤적이 간결하면서도 선명하게 아로새겨져 있다.

동행의 제자들

공자가 활동하던 당시의 학문은 독서뿐만 아니라 관혼상제(冠婚喪祭)의 예절 규범 등 폭넓은 지식을 실천적으로 습득하는 것을 가리켰다. 이러한 학문을 익힌 공자는 30대에 이미 우수한 학자로 인정받아, 제자가 되고자 찾아오는 사람들도 점점 늘었다.

공자는 우수한 학자였던 동시에 언제나 혼실 사회와 정

치에 관여하기를 희망했던 실천적인 지식인이었다. 그런 이유로 그는 동시대의 대정치가인 제나라 안영과 정나라 자산을 높이 평가하고 있었다. 이윽고 공자에게도 안영과 자산처럼 현실 정치에서 자신의 사상을 펼쳐 보일 수 있는 기회가 주어졌다. 나랏일을 제멋대로 주무르는 삼환 때문에 괴로워하던 노나라 제후 정공(定公, 재위 기원전 509~495)이 학자로서 명성 높던 공자를 발탁(拔擢)하여 기원전 499년 오늘날의 법무부 장관인 대사구(大司寇)에 임명했던 것이다. 이때 공자의 나이 이미 53세였지만 삼환을 제압하여 군주의 권위를 강화하고 경애하는 주공 단의 이상 정치를 부활시키고자 포효하는 사자와 같은 기세로 맹렬하게 일했다. 그러나 안타깝게도 삼환을 타도하는 데 실패하여 허망하게 실각하고 기원전 497년 노나라를 떠나기에 이르렀다.

이후 공자는 남을 배려하는 마음을 가리키는 '인(仁)'과 도덕 관습인 '예(禮)'를 기반으로 하는 사회를 목표로, 자신의 정치 이념을 이해해줄 군주를 찾아 14년에 걸쳐 여러 나라를 유세(遊說)하며 다녔다. 하지만 하극상이 빈번하게 일어나는 흙탕물 같은 난세의 한가운데서, 주공 단으로 상징되는 원점으로 돌아갈 것을 주장한 공자의 이상주의에 귀 기울여줄 제후가 있을 턱이 없었다. "초라하게 축 처져 다니는 꼴이 마치 상가지구(喪家之狗) 즉 상갓집 개 같다"는 평까지 들을 정도였다. 하지만 다행히도 공자의 이 기나긴 유세 여행에는 그를 위해서라면 물불을 가리지 않는 안회(顔回), 자로(子路), 자공(子貢) 같은 많은 제자들이 동행해서 큰 도움이 되었다.

공자에게는 72명(77명이라는 견해도 있다)의 훌륭한 제자들이 있었다. 그중에서도 우등생 그 자체였던 안회와 무모할 만큼 용감했던 자로는 공자의 대범한 기질과 잘 맞았다. 특히 공자는 언제나 안회를 노골적으로 극찬하곤 했다.

> 현명하구나, 안회는! 밥 한 그릇과 물 한 바가지로 누추한 거리에 사는 것. 사람들은 그 괴로움을 견디지 못하는데 안회는 그 즐거움을 버리지 않으니. 현명하구나, 안회는!

이 말은 공자가 단출하게 빈핍한 생활에 만족하며 학문에 힘쓰는 안회의 태도를 칭찬한 것이다. 공자의 이 말에서 유래한, 밥 한 그릇과 물 한 바가지라는 뜻의 일단사 일표음(一簞食, 一瓢飮)은 이후 청빈한 생활을 이르는 말로 널리 쓰이게 되었다. 한편 공자보다 서른 살이나 어렸던 안회가 젊은 나이로 세상을 떠나자, 공자는 "하늘이 나를 버렸구나!(天喪予!)"라며 비탄에 잠겼다고도 한다. 이 한 가지 사례만 봐도 공자가 안회에게 얼마나 큰 기대를 걸고 있었는지 짐작할 수 있을 것이다.

한편 공자는 자로의 용감성을 무척 아끼면서도 그 무모함에 대해서는 언제나 약간 놀리는 듯한 태도를 취하곤 했다.

공자께서 말씀하셨다.
"도가 행해지지 않으니 뗏목을 타고 바다로 나가야 하는가! 나를 따라 나서는 사람은 아마 자로일 것이야."
자로가 듣고서 기뻐하자 공자께서 말씀하셨다.
"자로는 용기를 좋아하는 것은 나보다 낫구나. 하지만 뗏목 만들 나무가 없으니(이를 어쩐담!)"

『논어』「공야장(公冶長)」 중에서

비록 자신의 뜻을 현실에서 마음껏 펼치지는 못했지만 공자는 결코 무기력한 지식인이 아니었다. 공자는 큰 키에 위풍당당한 대장부(大丈夫)로서 14년에 걸친 방랑 생활에도 지치지 않았던 대범한 인격의 소유자였다. 위 구절에는 그런 공자가 걸핏하면 "맨주먹으로 호랑이를 때려잡고 맨발로 큰 강을 건너는" '포호빙하(暴虎馮河)' 식의 만용을 부리곤 했던 자로를 부드럽게 타이르는 동시에 그의 강인하고 솔직한 성격을 어여삐 여기는 모습이 생생하게 묘사되어 있다.

한마디 더 보태자면, 공자는 허튼 수식이 많은 성격이나 생활 태도를 혐오했다. 그는 "(수식이 많은) 교묘한 말과 (겉으로 꾸민) 좋은 표정을 짓는 사람 중에는 어진 이가 드물다(巧言令色, 鮮矣仁)"라고 했으며, 또 "의지가 굳고 용기가 있으며, 꾸밈이 없고 말수가 적은 사람은 인(仁)에 가깝다(剛毅木訥, 近仁)"라고도 했다. 여기서 비롯된 아첨하는 말과 알랑거리는 태도라는 뜻의 '교언영색(巧言令色)'과, 의지가 굳고 강직하며 꾸밈없고 말수가 적은 성품을 가리키는 '강의목눌(剛毅木訥)'은 지금도 같은 의미로 널리 쓰이고 있다.

공자가 뜻을 이루지 못한 채 오랜 유세 여행을 마치고 노나라로 돌아온 것은 그의 나이 68세, 기원전 484년의 일이었다. 이후 73세로 세상을 떠날 때까지, 공자는 고향에서 제자들의 교육에 힘쓰고 『시경(詩經)』, 『서경(書經)』 등을 정리하고 편찬하는 저술 활동에 전념하며 하루하루를 보냈다.

반전 사상가, 묵자

　공자가 세상을 떠날 무렵, 춘추 시대 말기에서 전국 시대 초기에 걸쳐 활약했던 사상가인 묵자(墨子, 기원전 480?~390?)가 태어났다. 묵적(墨翟)이 본명인 묵자는 공자와 같은 노나라 출신이었지만, 공자를 시조로 하는 유가 사상에 동의하지 않고 독자적인 사상 체계를 창안했다. 묵자 사상의 핵심은 '겸애(兼愛)', '상현(尙賢)', '비공(非攻)'의 세 단어로 요약할 수 있다.

　유가 사상에서는 가족을 사회 구성단위의 기본으로 간주하고, 가족애에서 출발해 그것을 확장시켜 널리 타인에까지 미치게 해야 한다고 봤다. 묵자는 이러한 유가의 사고방식을 '별애(別愛)' 즉 차별적인 애정이라고 부정하면서, 모든 인간에게 차별 없이 애정을 쏟는 '겸애' 곧 오늘날의 박애 정신이 중요하다고 주장했다.

'상현'은 출신 계층과 상관없이 현명하고 능력 있는 사람을 존중해야 한다는 사고방식이다. 권력의 세습(世襲)을 신랄하게 비판한 이 주장은 당시의 상층 계급에 반기를 든 것이었다.

'비공'은 전쟁 반대론이다. 각 나라 간에 전쟁이 끊이지 않았던 시대를 살며 그 참혹함을 목격한 묵자는 다른 나라를 함부로 공격하는 행위에 반대했다. 단지 말로만 반대했던 것이 아니라, 실제 많은 제자들로 부대를 조직해 강대국의 공격을 받은 약소국을 방어했다고 한다. 묵자의 철벽 같은 방어 기술을 가리켜 '묵수(墨守)'라는 말이 생길 정도였다. 훗날 묵수는 제 의견이나 사상, 또는 옛 습관 따위를 버리지 않고 굳게 지키는 것을 이르는 말로 널리 사용되었다. 덧붙이자면 실제로 방어 기술을 구사했다는 사실에 비추어볼 때, 묵자의 교단인 묵가(墨家)가 원래 목수와 석공 같은 기술자를 중심으로 구성된 조직이 아니었을까 추측해본다.

전국 시대 말기까지 공자를 시조로 하는 유가와 묵자를 시조로 하는 묵가는 격렬한 사상 논쟁을 전개했다. 그러나 지배 구조를 밑바닥에서부터 뒤집어엎는 혁명 정신을 이면에 감춘 묵가는 결국 유가와의 경쟁에서 밀려 역사의 무대에서 자취를 감추었다.

3 전국의 군상

질풍노도의 시대 시작되다

　서주 왕조가 멸망한 기원전 771년부터 진(秦)나라 시황제(始皇帝, 기원전 259~210)가 중국 전역을 통일한 기원전 221년까지 550년간, 명목적으로는 동주 왕조(기원전 770~256)가 존속했지만 실질적으로는 여러 제후국들이 분립한 난세가 계속되었다. 이 대혼란기는 보통 기원전 403년을 경계로 춘추(春秋, 기원전 770~403) 시대와 전국(戰國, 기원전 403~222) 시대로 구분된다. 북송(北宋)의 사마광(司馬光, 1019~1086)이 지은 편년체(編年體, 역사적 사실을 연대순으로 기록-역자 주) 역사서 『자치통감(資治通鑑)』도 기원전 403년부터 기술을 시작하고 있다.

　기원전 403년, 전국 시대의 개막을 알리는 대사건이 발생한다. 춘추오패 중 한 사람인 문공을 낳은 북방의 강대국 진(晉)나라가 세 명의 중신들이 일으킨 반란으로 한(韓), 위(魏), 조(趙) 세 나라로 분열되었던 것이다. 물론 그 뒤에는 파란만장한 역사가 있었다.

춘추 시대 말기부터 현저하게 나타난 하극상의 풍조 속에서, 기원전 5세기 후반 진나라에서도 지백(智伯), 한강자(韓康子), 위환자(魏桓子), 조양자(趙襄子)라는 네 명의 중신이 강력한 힘을 행사하게 되었다. 그중에서도 가장 큰 위세를 떨친 사람은 지백이었다.

진나라 제후가 되려는 야망에 부풀어 있던 지백은 우선 조양자의 영지를 탈취하고자 했다. 하지만 조양자는 거세게 저항했고, 화가 난 지백은 한강자와 위환자에게 출병할 것을 강요했다. 세 사람의 연합군이 조양자가 성문을 걸어 잠근 채 지키고 있던 진양(晉陽, 산서 성 태원太原 시 남쪽)을 포위하자, 조양자는 비밀리에 한강자와 위환자에게 사신을 보내 "입술이 없어지면 이가 시리다"라는 말로 두 사람을 설득했다. 입술과 이처럼 밀접한 관계에 있는 사람은 한쪽이 망하면 다른 한쪽도 망한다면서, 조양자 자신이 여기서 패하면 다음 차례는 한강자와 위환자가 될 것이라고 경종을 울렸던 것이다. 정신이 퍼뜩 든 한강자와 위환자는 그 설득에 응하여 조양자와 손을 잡았고, 지백은 한·위·조의 총공격에 패배해 목숨을 잃었다. 기원전 453년의 일이다.

"입술이 없어지면 이가 시리다", 곧 순망치한(脣亡齒寒)은 원래 『춘추좌씨전(春秋左氏傳)』의 희공(僖公) 5년(기원전 655년) 조목에 나오는 말이다. 그 후 밀접한 이해관계에서 한쪽이 망하면 다른 한쪽도 온전하기 어려움을 이르는 말로 널리 사용되고 있다.

한편 지백을 쓰러뜨린 한, 위, 조 세 중신들은 지백의 영지를 삼등분했다. 하지만 지백 때문에 굴욕의 쓴잔을 마셨던 조양자는 아무래도 분이 풀리지 않아서, 지백의 해골에 옻칠을 해 술잔을 만들고 거기다 술을 부어 마셨다고 한다. 참으로 지독한 행동이 아닐 수 없다.

이러한 조양자의 만행을 보고 화가 머리끝까지 치밀어 복수를 다짐하는 인물이 있었다. 지백에게 후한 대우를 받았던 신하 예양(豫讓)이었다. 예양은 사위지기자사(士爲知己者死), 곧 "선비는 자기를 알아주는 사람을 위해 죽는다"며 지백을 위해 목숨 걸고 조양자에게 복수하겠다는 결의를 굳혔다. 하지만 그는 끝내 숙원을 이루지 못했다.

체포되어 처형당하기 직전, 예양은 조양자에게 간청하여 그의 옷을 얻어서는 세 번 칼로 벤 뒤 스스로 목숨을 끊었다. 그야말로 비장한 복수극이라 하겠다.

진나라를 삼등분한 한, 위, 조 세 중신이 정식으로 제후가 된 것은 앞서 서술한 바와 같이 기원전 403년, 곧 지백이 멸망하고 예양이 복수에 실패해 자결한 지 약 50년 뒤의 일이다. 예양이 연출한 비장한 복수극은 칼바람이 부는 질풍노도의 전국 시대가 도래했음을 알리는 신호탄과 같은 것이었다.

중원의 명군, 위의 문후

전국 시대에 접어들자 약소국은 차례로 도태되고 7개의 제후국만이 살아남아 패권을 다투게 되었다. 곧 중원(中原, 황하 중류 유역)의 진(晉)을 분할한 한·위·조, 동방에 위치한 제, 동북방에 자리 잡은 연, 장강 중·하류 유역 일대를 지배한 초, 그리고 서방에 자리 잡은 진(秦)의 '전국칠웅(戰國七雄)'이다.

칠웅 가운데 가장 적극적으로 선진 체제를 받아들여 나

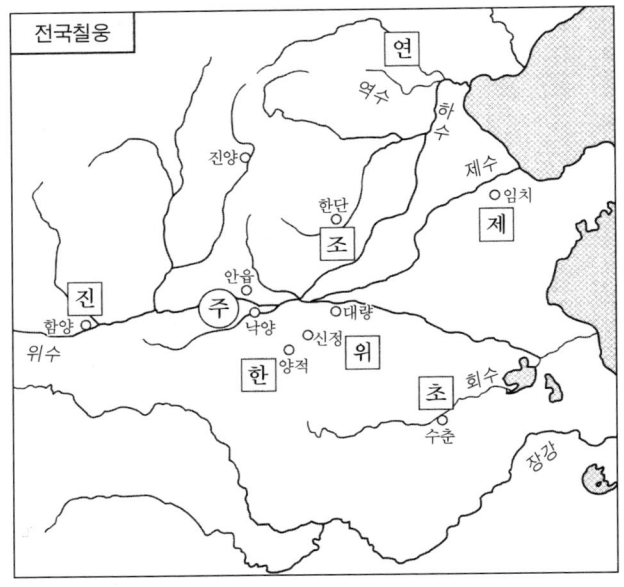

라의 기틀을 정비한 것은 신흥 세력인 한·위·조나라였다. 그중에서도 위환자(魏桓子)의 손자인 위나라 문후(文侯, 재위 기원전 445~396)는 인재를 초빙하는 데 열심이어서, 수도 안읍(安邑, 산서 성 하夏 현 서북. 훗날 대량大梁 즉 현재의 하남 성 개봉開封 시로 천도함)에는 학문과 군사 각 분야에 유능한 인재들이 모여들었다. 문후는 이 인재들을 신뢰해 그들의 의견에 귀 기울였다. 일찍이 문후가 재상을 기용할 때, "집안이 가난하면 어진 아내를 생각하고, 나라가 어지러우면 어진 재상을 생각한다"는 '가빈사양처(家貧思良妻), 국난사양상(國亂思良相)'의 성어를 예로 들면서 참모인 이극(李克, 이회李悝라고도 한다)과 대화를 나눈 뒤 적임자를 결정했다는 이야기도 전해온다.

전국의 세상을 떠돌아다니는 유세가

위(魏)나라 문후 주변에 모여든 뛰어난 인재 가운데는 노련한 병법가(兵法家)이자 군사 전문가였던 오기(吳起, ?~기원전 381)도 있었다. 춘추 시대의 약소국 위(衛)나라 출신인 오기는 먼저 노나라에서 벼슬하며 군사 방면에 공을 세웠다. 하지만 오히려 배척당해 더 이상 그곳에 머물 수 없게 되자 문후 밑으로 들어오게 되었던 것이다. 문후는 오기를 선뜻 받아들였고, 이후 오기는 위나라 장군으로서 인접한 진(秦)나라와 싸워 다섯 성을 함락시키는 등 대활약을 펼쳤다.

문후가 죽고 그 뒤를 이은 아들 무후(武侯, 재위 기원전

395~371)도 처음에는 오기를 신뢰했다. 하지만 아무 이유 없이 오기를 싫어하던 공숙(公叔)이 재상에 오르자, 무후는 그의 조종을 받아 오기를 더 이상 신임하지 않게 되었다. 자신에게 닥친 위험을 감지한 오기는 다시 위나라를 떠나 남방의 강대국 초나라로 향했다.

초나라 도왕(悼王, 재위 기원전 401~381)은 흔쾌히 오기를 받아들여 재상으로 임명했다. 새로운 보금자리를 얻은 오기는 행정・경제・군사 전반에 걸쳐 강력한 부국강병(富國强兵)의 정책을 단행했고, 그 덕분에 초나라의 국력은 순식간에 강화되었다. 하지만 도왕이 죽자마자 오기의 정책에 불만을 품은 왕족과 중신들이 반란을 일으켜, 오기는 결국 활에 맞아 죽고 말았다.

비운의 최후를 맞이하기는 했지만 자신의 능력을 높이 평가해주는 군주를 찾아 노・위・초나라를 두루 떠돈 오기는, 훗날 전국 시대라는 난세를 누비며 활약한 소진(蘇秦)과 장의(張儀)로 대표되는 유세객(遊說客, 자기 사상 또는 자기가 속한 집단의 주장을 선전하며 돌아다니는 사람-역자 주)의 선구적인 존재라 하겠다.

손빈의 복수극

『사기』의 「손자오기열전(孫子吳起列傳)」에는 앞서 얘기한 오기와 함께 전설적인 대병법가였던 두 손자(孫子)의 전기가 실려 있다. 한 사람은 춘추 시대 오나라의 합려를 섬겼던 손무(孫武)이고, 다른 한 사람은 전국 시대 지나라 위왕(威王, 재위 기원전 357~320)에게 벼슬했던 손빈(孫臏)이다. 손빈은 손무의 자손이며, 손자는 이 둘을 높여 부르는 말이다. "적을 알고 나를 알면 백 번 싸워도 위태롭지 않다" 곧 '지피지기 백전불태(知彼知己, 百戰不殆)'라는 구절로 유명한, 총 13편으로 이뤄진 병법서 『손자』의 저자가 두 사람 중 누군지에 대해서는 예로부터 손무라고 보는 설이 유력하다.

손빈은 제나라에서 태어나 일찍부터 병법을 익혔다. 손빈과 같은 스승 아래서 공부하던 제자 중에 위(魏)나라 혜왕(惠王, 재위 기원전 370~335. 무후의 아들)을 섬겨 장군이 된 방연(龐涓)이라는 사람이 있었다. 방연은 자기보다 뛰어난 손빈이 적수가 될 것을 두려워해 계책을 꾸민 다음, 그를 위나라로 불러들여 누명을 뒤집어씌웠다. 방연은 손빈에게 두 발을 절단하는 형벌을 내리고 얼굴에 먹으로 죄명까지 새긴 뒤 그를 감금시켜버렸다. 음흉하기 짝이 없는 처사였다. 그러나 다행히도 손빈은 위나라를 방문 중이던 제나라 사신과 우연히 만나 비밀리에 제나라로 돌아올 수 있었다.

귀국 후 손빈은 위나라 문후처럼 인재를 초빙하는 데 열심이었던 제나라 위왕에게 발군의 병법 능력을 인정받아 그의 군사(軍師)가 되었다. 이후 손빈은 방연이 이끄는 위나라 군대를 두고두고 괴롭히다가, 기원전 341년 '마릉(馬陵) 전투'에서 모조리 무찌르고 마침내 방연을 죽음에 이르게 했다.

애초에 이 전투는 위나라와 조(趙)나라 연합군이 한나라를 공격하면서 시작되었다. 궁지에 몰린 한나라로부터 구원 요청을 받은 제나라에서는 장군 전기(田忌)와 군사 손빈이 군대를 이끌고 출진했다. 그런데 전기와 손빈은 상대의 허를 찔러 한나라가 아닌 위나라를 향해 달려갔다. 방연이 거느린 위나라 군대는 부랴부랴 본국으로 돌아와 제나라 군대를 추격하러 나섰지만 이번에는 손빈의 '감조지계(減竈之計)'에 걸려들고 말았다. 감조지계란 행군할 때 진영의 부뚜막 숫자를 매일 조금씩 줄여서, 탈영자가 증가해 전력이 저하된 것처럼 보이게 하는 위장 전술이었다. 손빈의 계략에 속아 넘어간 방연은 보병을 놔둔 채 소수 정예의 기병만 데리고 제나라 군대를 추격하는 전략을 취했다.

그러나 이 모든 상황을 훤히 꿰뚫어 보고 있던 손빈은 방연의 행군 일정을 치밀히 계산해, 지형적으로 유리한 마릉의 요충지에 엄청난 숫자의 병사들을 매복시켰다. 그리고 큰 나무의 껍질을 벗기고 "방연, 이 나무 아래서 죽다"라고 써놓은 뒤 모든 준비를 마치고 위나라 군대가 도착하기만을 기다렸다. 손빈의 예상대로 그날 밤 그 나무 아래 도착한 방연이 불을 밝혀 글을 본 순간, 제나라 복병은 일제히 화살을 당겼고 위나라 기병대는 대혼란에 빠졌다. 모든 게 끝임을 깨달은 방연은 "결국은 저 풋니기의 명성을 세워주고 말았군!(成竪子之名!)"이라는 말을 내뱉은 뒤 스스로 목을 베었다. 이것은 다름 아닌 손빈의 처절한 복수극이었다. 사령관을 잃은 위나라 군대는 한꺼번에 무너졌고, 위나라 태자 신(申)도 포로가 되었다.

'마릉 전투'에서의 뼈아픈 패배로 인해 문후 이래 황하 중류 유역에서 패권을 과시하던 위나라는 쇠락하고, 승리자인 대국 제나라의 세력이 현저히 강화되었다.

제자백가의 거점

앞서 말했듯이 제나라는 춘추오패의 한 사람인 환공 시대에 초강대국으로 떠올랐다. 그런데 손빈이 섬겼던 위왕은 사실 환공의 자손이 아니다. 기원전 672년 환공이 재위하던 당시, 약소국 진(陳)나라로부터 진완(陳完, 이후 성을 '전田'으로 바꿈)이라는 사람이 제나라로 망명해 왔다. 전완의 일족은 점차 세력을 키워, 처음 그가 망명한 때로부터 286년이 지난 기원전 386년 마침내 그 후손인 전화(田和)가 제나라를 빼앗아 지배자가 되었던 것이다. 전형적인 하극상의 정권 교체였다. 위왕은 바로 이 전화의 손자다.

진취적인 기상이 남달랐던 제나라 위왕은 의욕적으로 인재를 초빙했다. 실무자형 인재를 선호했던 위나라 문후와는 달리, 위왕은 학자들을 좋아했다. 그는 제나라 수도 임치(臨淄)의 직문(稷門) 밖에 호화로운 학자촌을 만들어놓고, 초빙한 학자들을 그곳에서 살게 했다. '직하학사(稷下學士)'라고 불린 이 학자들은 그 수가 많을 때는 수천 명에 달했다고 한다. 학문을 중시하고 학자를 우대하는 제나라의 방침은 위왕의 아들 선왕(宣王, 재위 기원전 319~301)과 손자 민왕(湣王, 재위 기원전 300~284)에게까지 이어져, 제나라 수도 임치는 유가, 묵가, 도가 등 '제자백가(諸子百家)'로 통칭되는 다양한 계파 사상가들의 근거지가 되었다.

맹자의 생존 방식

후세에 '공맹(孔孟)'으로 병칭되며 유가 사상의 시조인 공자의 계승자로 손꼽히는 맹자(孟子, 기원전 372~289)도 선왕(宣王) 시절 수년간 제나라에 체류하며 임치의 직하에 살았다. 맹자는 원래 공자가 태어난 곳과 가까운 추(鄒, 산동 성 추 현) 출신으로 공자의 손자인 자사(子思)의 제자에게서 유가 사상을 배웠다.

맹자의 어머니 맹모(孟母)는 현명한 여성으로서 아들을 훌륭한 학자로 키우고자 교육에 온 정성을 쏟았다. 아들의 교육을 위해 세 번에 걸쳐 집을 옮겼다는 일화는 특히 유명하다. 맹자 어머니는 제일 처음 묘지 가까운 곳에 거처를 정했다. 그러나 맹자가 장례 의식과 매장 절차를 흉내 내며 곡소리를 벗 삼아 노는 것을 보고 시장 옆으로 이사를 했다. 그러자 이번에는 맹자가 상인이 물건을 팔고 값을 흥정하는 흉내를 내며 노는 것이었다. 그래서 맹자의 어머니는 다시 서당 근처로 거처를 옮겼다. 마침내 맹자는 예의작법(당시의 서당 수업 과목-역자 주) 놀이를 하게 되었고, 맹자의 어머니는 그제야 마음을 놓았다는 이야기다. 이 일화에서 비롯된 '맹모삼천(孟母三遷)'은 자식을 잘 가르치기 위한 어머니의 정성과 노력을 나타내는 말로 지금도 널리 쓰이고 있다.

맹자 사상의 기본 이념은 '인의도덕(仁義道德)'에 기반을 둔 왕도론(王道論)과 성선설(性善說)이다. 맹자는 자신의 신념을 이해해줄 군주를 찾아 양, 제, 송 등 여러 나라를 다니며 유세를 했다. 그때의 언행을 기록한 『맹자』에는 여러 나라 제후들을 상대로 자신의 왕도론을 펼쳐 보이는 맹자의 명쾌한 변론이 생생하게 묘사되어 있다. 예컨대 양나라 혜왕(惠王)이 자신은 이웃 나라 제후보다 훨씬 더 백성들을 배려하고 있는데도 왜 이주해 오는 사람이 증가하지 않는지를 물었을 때, 맹자는 이렇게 되물었다.

"왕께서 전쟁을 좋아하시니 전쟁으로 비유해보겠습니다. 둥둥 전쟁 개시를 알리는 북소리가 울리고 칼날이 서로 부딪치는 와중에 갑옷을 버리고 무기를 끌면서 도망치는 자가 있습니다. 한 사람은 백 보를 가다가 멈추고, 한 사람은 오십 보를 가다가 멈추었습니다. 오십 보 간 사람이 백 보 간 사람을 비웃는다면 어떻겠습니까?"

"그건 말도 안 되오. 도망친 건 같으니까."
혜왕이 맹자의 유도 신문에 걸려들자 맹자는 말했다.
"그것을 아신다면 주민의 수가 이웃 나라보다 많아지는 것을 바라지 마십시오."
근본적인 백성 중심 정책을 실시하는 것이 왕도 정치의 기본이지, 선심 쓰는 듯한 작은 자비 정도로는 무자비한 이웃 나라 제후와 오십보백보로 별 차이가 없다는 것이다. 이 맹자의 말에서 비롯하여, 아주 작은 차이가 있을 뿐 큰 맥락에서 보면 별 다를 바 없는 것을 '오십보백보(五十步百步)'라고 표현하게 되었다.
이렇게 맹자는 인의로 가득한 마음을 가지고 '보민(保民)' 곧 민중의 생활을 근본적으로 안정시키고 보살피는 일에 힘써야 한다고 여러 나라 제후들을 설득했다. 이러한 맹자의 왕도론을 지탱하고 있는 것이 바로 성선설이다. 모든 인간의 본성은 선한 것이며, 아무리 악한 사람이라도 원래는 고귀한 도덕성을 가지고 있다는 것이 성선설의 시각이다. 맹자는 이 성선설을 기초로 한 왕도 정치를 기치로 내걸고 여러 나라를 돌아다니며 유세를 벌였지만, 약육강식의 법칙이 지배하는 시대 상황에서 대부분의 제후들은 오로지 단기간의 부국강병에 도움이 되는 구체적인 계획만을 요구했다. 그 때문에 맹자의 이상주의는 결국 누구에게도 받아들여지지 않았고, 맹자는 공자와 마찬가지로 만년에 고향 추로 돌아갔다. 다음 구절은 현실 정치에서 뜻을 이루지 못했던 맹자가 지녔던 삶의 방식과 태도를 단적으로 보여주고 있다.

(현실에서) 뜻이 막히면 홀로 내 몸을 선하게 하고, 뜻을 펼칠 수 있으면 내 몸과 더불어 천하를 선하게 한다. (窮則獨善其身, 達則兼善天下)

이러한 맹자의 사고방식은 중국 사대부(士大夫) 지식인들에게 하나의 행동 지표로 계승되어갔다.

순자와 한비자

맹자 다음가는 유가 사상의 대가로는 순자(荀子, 기원전 313?~238?)를 꼽을 수 있다. 순자는 조(趙)나라 출신으로서, 제나라 양왕이 죽은 뒤 50세에 제나라로 가서 직하학사의 유력 인사가 되었다. 하지만 직하는 선왕과 민왕의 전성기를 지나 양왕(襄王, 재위 기원전 283~264. 민왕의 아들) 때 이미 쇠퇴 양상을 보였으므로, 이때는 그 빛이 많이 바래 있었다.

똑같이 공자를 시조로 하는 유가지만, 순자 사상은 성선설을 주창한 맹자와는 대조적으로 성악설(性惡說)에서 출발한다. 곧 순자는 인간의 본성을 악한 것으로 보았다. 따라서 악한 인간의 본성을 인위적인 '예(禮)'로 다스려 선한 것으로 고쳐 나갈 필요가 있다는 것이다. "인간의 본성은 악하다. 그 선한 것은 인위이다(人之性惡, 其善者僞也)"라는 말은 이런 의미로 해석할 수 있다. 여기서 '위(僞)'는 문자 그대로 '인위(人爲, 한자어 '僞'를 분해하면 '人爲'가 된다)의 의미이지 '거짓'이라는 뜻은 아니다.

순자는 후천적이고 인위적인 노력을 거듭함으로써 본래의 악한 성질을 변화시켜야 한다고 주장한 동시에, 관직의 세습제를 부정했다. 대대로 내려오는 그 집안의 사회

적 신분이나 지위인 문벌(門閥)에 따르지 말고 현명함을 기준으로 유능한 인재를 적극 등용해 '현인(賢人) 정치'를 실현해야 한다는 것이다.

이러한 생각을 가진 순자의 제자 가운데서, 예를 엄격하게 제도화시킨 '법(法)'을 기준 삼아 관료제를 확립해야 한다고 설파한 법가(法家) 사상의 기수 한비자(韓非子, 기원전 280?~233)가 나타난 것도 어쩌면 당연한 결과일 터이다. 춘추 전국의 대혼란을 끝내고 천하를 통일한 진(秦)나라 시황제(始皇帝, 기원전 259~210)는 한비자의 사상에 공명한 사람이었다. 하지만 참모 이사(李斯)의 계략에 빠져 한비자는 자살을 택했고, 후에 이 사실을 알게 된 시황제는 대단히 안타까워했다고 한다.

한편 한비자는 명문장가이기도 했다. 그의 저서 『한비자』는 명언과 명구의 보고(寶庫)로 불린다. 지금도 종종 사용되는 '역린(逆鱗)'이라는 표현이 대표적이다. 이 말은 다음과 같은 문맥에서 사용되었다.

"용은 잘 길들이면 타고 다닐 수도 있지만, 턱 밑에 직경 1척쯤 되는 거꾸로 난 비늘을 건드리는 자가 있으면 반드시 죽여버린다. 임금에게도 또한 역린이 있으니, 말하는 자가 이것을 건드리지 않는다면 거의 목적한 바를 달성할 수 있다."

이 구절을 근거로 다른 사람 특히 군주나 상급자의 격렬한 노여움을 사는 것을 가리켜 "역린을 건드리다"라고 표현하게 되었다.

연의 명장 악의

'직하학사'의 궤적을 쫓다 이야기가 잠시 앞서 나갔다. 다시 제자리로 돌아와 보자. 학자를 중시했던 제나라 제후 세 명 중 마지막 사람인 민왕(湣王) 시대, 제나라 북쪽의 연나라에서 내란이 일어났다. 민왕은 이 기회를 틈타 공격을 개시, 연왕 쾌(噲)를 죽이고 연나라를 점령했다.

2년 후 제나라 군대가 철수하자 연나라 태자가 즉위하여 소왕(昭王, 재위 기원전 311~279)이 되었다. 제나라에 복수할 것을 결의한 소왕은 우선 국가 기반을 강화하기 위해 유능한 인재들이 필요하다고 판단, 곽외(郭隗)라는 인물에게 상의했다. 곽외가 대답했다.

"꼭 훌륭한 인물을 뽑아야겠다고 생각하신다면 먼저 저

곽외부터 시작하십시오. 그렇게 하면 저보다 현명한 자들이 천 리 길도 마다 않고 달려올 것입니다."

그 말이 과연 옳다고 생각한 소왕은 궁을 개조하여 곽외를 머물게 하고 스승으로 후대했다. 그러자 아니나 다를까, 각지에서 훌륭한 인물들이 속속 모여들었다. 먼저 곽외부터 시작하라는 뜻의 '선종외시(先從隗始)'는 이후 그 의미가 확장되어, 큰일을 하려면 먼저 가까이 있는 작은 일부터 시작하거나 혹은 말을 꺼낸 사람부터 시작하라는 뜻으로 쓰이게 되었다.

곽외의 계획이 빛을 발해 연나라에 모여든 사람 중에는 전국 시대 최고의 장수 악의(樂毅)도 있었다. 악의는 연나라와 제나라 사이에 위치한 약소국인 중산국(中山國) 출신으로, 중산국이 조(趙)나라 무령왕(武靈王, 재위 기원전 325~299)에게 멸망당한 뒤부터 무령왕을 섬겼다. 무령왕은 '호복기사(胡服騎射)', 곧 북방 이민족의 기능적인 복장과 기마전법을 적극적으로 도입하여 조나라 군사력을 강화한 인물이다. 오늘날에는 어떤 일에 대비해 만반의 준비를 갖추는 것을 가리켜 호복기사라 하기도 한다. 이 무령왕이 죽자 악의는 위나라로 거취를 옮겼고, 위나라 사신으로 연나라를 방문한 일을 계기로 연나라 소왕 아래서 벼슬하게 되었던 것이다.

기원전 284년 소왕의 명령을 받은 악의는 총사령관으로서 연나라 군대 및 제나라 민왕의 횡포에 불만을 품은 진(秦)·초·조·한·위(魏)나라 연합군을 이끌고 제나라 군대를 격파하여 대승을 거두었다. 악의는 연합군이 해체된 뒤에 연나라 군대를 이끌고 다시 제나라 수도 임치를 공격하여, 온갖 재물과 제기(祭器)를 남김없이 탈취해 소왕에게 보냈다. 몇 년 묵은 원한을 씻은 소왕은 뛸 듯이 기뻐하며 악의를 창국군(昌國君, 군君은 영지를 가진 사람의 칭호)에 봉하고 그 공적을 칭송했다. 그 뒤에도 악의는 제나라에 계속 주둔하면서 70여 성을 함락해 연나라에 귀속시키는 쾌거를 이뤄냈다.

하지만 기원전 279년 연나라 소왕이 죽고 즉위한 아들 혜왕(惠王, 재위 기원전 278-272)은 악의를 탐탁지 않게 여겨, 제나라에 주둔 중이던 그를 소환하려고 했다. 그러자 눈앞에 닥친 위험을 감지한 악의는 조나라로 투항했고, 조나라는 혁혁한 무공을 세운 악의를 환대했다.

악의를 잃은 연나라는 혜왕 이래 제나라와의 싸움에서

번번이 패해, 힘들게 빼앗은 제나라 영토를 전부 도로 돌려주고 말았다. 후회막심이던 혜왕은 악의에게 사신을 보내 잘못을 빌며 귀국을 요청했다. 하지만 악의는 편지로 자신의 심정을 전하며 그 요청을 거절했다. 『사기』의 「악의열전」에 실려 있는 그 편지는, 죽은 소왕의 후대(厚待)에 대한 감사의 마음과 함께 자신에게 의혹의 시선을 보냈던 혜왕을 향한 원망이 복잡하면서도 절절하게 드러난 명문장이다. 이 편지 가운데 다음과 같은 구절이 있다.

> 군자는 절교해도 상대에 대해 악평을 하지 않고, 충신은 나라를 떠나도 자신의 결백을 주장하지 않는다. (君子交絶, 不出惡聲. 忠臣去國, 不潔其名)

참으로 단호하게 자신의 고결한 태도를 표명한 것이다. 그 후 악의는 조나라와 연나라의 객경(客卿, 손님 신분의 대신)이 되었다가 조나라에서 생을 마쳤다.

4 서방의 대국 진(秦)

효공과 상앙의 국가 개조 계획

서방의 대국 진(秦)나라는 춘추 시대에 이미 오패 중 하나로 거론되는 목공(穆公)이 출현했을 정도로 무시할 수 없는 힘을 가지고 있었다. 하지만 전국 시대 중기까지는 중원의 한·위·조나라와 동방의 제나라에 비해 정치와 문화 면에서 후진국 수준에 불과했다. 진나라가 본격적으로 국가 체제를 정비하여 순식간에 세력을 키운 것은 효공(孝公, 재위 기원전 361~338) 때의 일이다. 효공은 제나라 위왕과 거의 동시대 인물이다. 정치·경제 기구의 개혁을 단행해 국력을 기르고자 했던 효공의 든든한 협력자는 바로 상앙(商鞅, 공손앙公孫鞅 혹은 위앙衛鞅이라고도 함. 기원전 390?~338)이었다.

상앙은 위(衛)나라 출신으로, 법률과 형벌을 중시하는 형명학(刑名學)에 밝았다. 그는 위나라 제후의 서출(庶出, 정부인 외의 여자에게서 난 아들) 공자(公子)로 태어났지만, 몰락한 조국에서는 능력을 발휘할 수 없어 전국 시대 신흥 강국이었던 위(魏)나라에서 벼슬살이를 시작했다. 그러나 바라던 만큼의 대우를 받지 못한 상앙은 다시 진나라로 가서 효공을 모시게 되었던 것이다. 엄격한 법과 제도를 시행함으로써 진나라를 강력한 중앙 집권 국가로 개조할 수 있다는 상앙의 주장에 공감한 효공은 기원전 359년 그를 '변법(變法)' 곧 국가 개조 계획의 책임자로 임명했다.

2차에 걸친 상앙의 대규모 변법은 큰 성공을 거두었고, 그 결과 진나라는 법에 저촉될까 두려워한 사람들이 '길거리에 떨어진 것이 있어도 줍지 않는(道不拾遺)' 살벌한 사회가 되었다. 강력한 처벌에 대한 공포가 낳은 결과다. 참고로 춘추 시대에는 공자가 노나라 대사구(大司寇)로서 국정을 담당한 지 3개월 만에, 교화되어 도덕의식이 향상된 사람들이 역시 '길거리에 떨어진 것이 있어도 줍지 않는(塗不拾遺)' 상태가 되었다고 한다. 이 두 가지 '도불습유(道不拾遺)' 고사는 드러난 결과는 똑같지만, 그 기반이 되는 사람들의 의식 사이에는 큰 간격이 존재한다. 후세에 이 도불습유는 보통 공자의 경우 곧 사람들의 도덕의식이 향상되어 풍속이 아름다워진 것을 나타내는 표현으로 사용된다.

상앙이 지휘한 2차에 걸친 변법의 성공으로 국가 기반을 강화한 진나라는 기원전 350년 옹(雍, 섬서 성 보계寶鷄 시의 북동쪽)에서 동쪽의 함양(咸陽, 섬서 성 함양 시)으로 천도했고, 그 10년 뒤에는 이웃한 위(魏)나라로 진격했다. 이때 진나라 군대를 지휘한 사람 역시 상앙이었다. 벼슬살이할 때 당한 홀대로 위나라에 맺힌 원한이 있던 상앙은 치밀한 계략으로 위나라를 격파하고 대승을 거두었다. 상앙은 이 공훈으로 상(商)과 오(於)(모두 하남 성 상 현)의 땅을 하사받아 '상군(商君)'이라 불리게 되었다.

그러나 상앙의 운명은, 그 2년 뒤인 기원전 338년 효공이 죽고 그 아들 혜문왕(惠文王, 재위 기원전 337~311)이 즉위하자마자 순식간에 뒤바뀌었다. 혜문왕이 태자였던 시절에 법을 어겨, 대신 그의 스승들이 상앙에게 처벌당한 적이 있었다. 그 일에 앙심을 품은 혜문왕은 즉위하자마자, 반란을 꾀했다며 상앙을 체포하려 했던 것이다.

체포되기 직전 가까스로 도망쳐 나온 상앙은 국경의 어느 여관으로 뛰어 들어갔다. 그러나 얄궂게도 여관 주인은 "상군의 법률 때문에 여행 증명서가 없는 손님을 재워주면 처벌받는다"며 투숙을 거절했다. 그 후 상앙은 간신히 위(魏)나라로 도망쳤지만, 그 자리에서 잡혀 진나라로 강제 송환되었다. 자포자기한 상앙은 영지의 부하들을 데리고 병사를 일으켰다가 곧 진나라 군대에 격파당해 살해되고 말았다. 혜문왕은 그의 시체를 거열(車裂)에 처함으로써 오랫동안 쌓인 한을 풀었다고 한다.

이렇게 상앙은 스스로 만든 피도 눈물도 없는 냉혹한 법규가 화를 불러 비운의 최후를 맞이했다. 하지만 그가 다져놓은 법률 만능주의와 강력한 중앙 집권제라는 두 자루의 칼은 오랫동안 진나라의 기본 방침으로 자리 잡았으며, 100년 후 시황제가 천하를 통일할 당시 최대의 무기가 되었다.

소진과 장의――세치 혀끝의 재주

효공 시대에 상앙을 기용하여 강력해진 진나라는 부국강병책을 추진해 더욱 힘을 키우면서 나머지 육국(六國. 한, 위, 조, 제, 연, 초)에 대한 압박을 강화했다. 이러한 전국 시대 말기의 정세 속에서 대활약을 펼친 이들이 뛰어난 웅변술을 자랑하는 유세객(遊說客)들이었다. 육국이 동맹을 맺어 진나라에 함께 대항해야 한다는 '합종책(合從策)'을 설파한 소진(蘇秦, ?~기원전 317?)과, 그와 반대로 개별적으로 진나라와 동맹함으로써 자국의 존립을 도모해야 한다는 '연횡책

(連衡策)'을 설파한 장의(張儀, ?~기원전 310)가 대표적이다. 소진과 장의의 이 두 외교 전술을 아울러 합종연횡(合從連衡)이라 이른다.

소진은 동주의 수도인 낙양(洛陽) 출신이었다. 처음에 소진은 제자백가 가운데 뛰어난 웅변술로 국제 외교상에서 활약하던 '종횡가(從橫家)'의 귀곡(鬼谷) 선생에게 가르침을 받은 뒤, 여러 나라를 다니며 유세를 하였다. 하지만 소진은 좀처럼 자신이 가진 재주를 펼치지 못했고, 꽁지 빠진 새처럼 초라한 몰골로 낙양에 돌아와 아내와 형제에게 무능력자 취급을 받는 형편이었다. 이때 소진은 마음을 굳게 먹고 공부에 매진한 끝에 군주를 설득할 절묘한 웅변술을 고안해냈다. 그 후 진나라의 압박을 받던 육국을 돌아다니며 서로 손을 잡고 대항해야 한다고 설득했다. 그리고 마침내 합종 동맹을 체결하는 데 성공했다. 이리하여 소진은 합종 동맹의 지도자로서 육국의 재상을 겸하는 몸이 되었다.

소진이 육국을 종횡무진하며 제후들을 상대로 유창한 언변을 구사하는 모습은 『사기』의 「소진열전」에 생생하게 묘사되어 있다. 그 유명한 '영위계구 무위우후(寧爲鷄口, 無

爲牛後)' 곧 "닭대가리가 될지언정 소꼬리는 되지 마라"는 말은 소진이 한나라 선혜왕(宣惠王, 재위 기원전 332~312)을 설득할 때 사용했던 표현이다. 이 말은 작은 집단의 우두머리가 되는 편이 큰 집단의 꼴찌가 되는 것보다 낫다는 뜻이다. 소진은 한나라가 진나라에 복종하는 것이 '소꼬리'가 되는 꼴이라고 선혜왕을 자극함으로써 합종 동맹에 참가할 결심을 굳히게 만들었던 것이다. 이렇게 소진이 기적적으로 합종 작전에 성공한 시기는 육국 제후들의 면면으로 볼 때 기원전 330년경이라 추정되지만, 정확한 것은 현재로선 알 수 없다.

그러나 '육국 합종 동맹'은 얼마 못 가 진나라에서 벼슬하던 소진의 맞수 장의의 공작으로 와해되었다. 소진의 영광은 그저 한순간의 달콤한 꿈으로 끝나고 만 것이다. 이후 여러 나라를 전전하던 소진은 결국 제나라에서 암살당했다. 낙양의 일개 가난한 서생에서 육국 합종 동맹의 지도자 자리까지 올랐다가 곧 비참한 신세로 전락하여 암살당한 소진의 생애는, 전국 시대라는 폭풍 같은 난세에 피어난 덧없는 꽃처럼 너무나 극적인 것이었다. 하지만 오히려 이렇게 지나칠 정도로 극적인 점 때문에, 소진의 삶이 전국 시대에 출현한 숱한 유세객들의 전설을 이리저리 짜깁기한 허구라 보는 견해도 있다.

반면 육국 합종 동맹을 와해시킨 장본인인 장의의 생애는 소진과 비교해 상당히 확실하다. 장의는 위(魏)나라 출신이며, 그 역시 귀곡 선생 밑에서 공부한 적이 있으므로 소진과는 동문이라 할 수 있다. 장의도 처음에는 소진처럼 여러 나라를 돌며 유세를 벌였지만 역시 좀처럼 재주를 펼칠 수가 없었다.

그러던 어느 날 초나라 재상에게 유세하러 갔을 때의 일이다. 마침 옥구슬 하나가 없어져 떠돌이인 장의가 의심을 받아 흠씬 두들겨 맞고 말았다. 상처투성이가 되어 집으로 돌아온 장의를 보고 아내가 탄식하며 슬퍼하자 그는 이렇게 말했다.

"내 혀를 한번 보시오. 아직 붙어 있소?(視吾舌, 尚在否?)"

"아직 있어요."

아내가 웃으며 대답하자 장의가 말했다.

"그럼 됐소."

정말이지 세 치 혀끝으로 천하를 움직이고자 한 유세객다운 일화라 하겠다. 장의의 이 일화에서 비롯된 시오설

(視吾舌)은 내 혀를 보라는 뜻으로, 말로써 세상을 움직일 수 있다는 비유로 쓰이고 있다.

이런 장의에게도 마침내 운이 따르기 시작했다. 진나라에서 관직을 얻자마자 연횡책을 내걸고 소진이 이끄는 육국 합종 동맹을 무너뜨리는 일에 나서게 된 것이다. 기원전 328년 출세해 진나라의 재상이 된 장의는 남방의 대국 초나라를 무력화시킬 계획을 준비하기 시작했다. 그리하여 기원전 313년 먼저 초나라와 제나라 간의 동맹을 와해시키고자 초나라로 향했다. 장의는 제나라와의 동맹을 파기하면 진나라 영지 600리를 바치겠다고 약속하여 단순한 초나라 회왕(懷王, 재위 기원전 328~299)을 자기편으로 만들었다. 하지만 회왕이 막상 제나라와 동맹을 끊은 뒤 약속을 이행하라고 요구하자, 장의는 뻔뻔스럽게도 600리가 아닌 6리를 헌상하기로 약속했을 뿐이라고 잡아뗐다. 격노한 초나라 회왕은 곧바로 출병해 진나라를 공격했지만, 진나라와 제나라 연합군에 저지당하고 말았다.

이후에도 장의는 한나라, 제나라, 연나라를 차례로 방문해 초강대국인 진나라야말로 동맹을 맺어야 할 대상임을 설파함으로써 진나라에 유리한 연횡책을 성공시켰다. 하지만 기원전 311년 그를 중용했던 혜문왕이 즉고 일찍부터 사이가 좋지 않던 태자(무왕武王, 재위 기원전 310~307)가 그 뒤를 잇자, 장의는 순식간에 발붙일 곳을 잃고 말았다. 하지만 영리한 장의는 위험을 간파하자마자 이런저런 구실을 만들어 조국인 위나라로 안전하게 도망쳤다. 비록 다음 해 병으로 죽기는 했지만, 불운한 최후를 맞이했던 선배 상앙이나 소진에 비하면 어쨌든 평온한 최후였다고 할 수 있다.

중국사상의 황금시대

한편 장의의 농간에 골탕을 먹은 초나라 회왕은 그렇게 호되게 당하고도 진나라와 동맹을 맺는 등 계속해서 장의에게 농락당했다. 그러다 기원전 299년 진나라에서 회합을 구실로 부르자 갔다가 체포되어 그대로 진나라에서 죽었다.

이 시원찮은 회왕 시대, 초나라에는 위대한 시인 한 명이 탄생했다. 바로 굴원(屈原, 기원전 339?~278)이다. 초나라 왕족이었던 굴원은 회왕의 신임을 얻어 재상 다음가는 관직인 좌도(左徒)로 중용되었다. 그는 제나라와 동맹을 맺어 진나라의 위협에 대항할 것을 주장했으나 지나치게 강직하고 비타협적인 성격 탓에 다른 관리들의 미움을 사게 되었다. 결국 온갖 비방과 중상모략에 시달린 끝에, 굴원은 회왕의 측근에서 밀려나고 말았다. 회왕의 후계자인 경양왕(頃襄王, 재위 기원전 298~263) 때 굴원의 입지는 한층 더 나빠져, 영윤(令尹, 재상)으로서 권세를 누리던 왕의 아우 자란(子蘭)의 음모로 강남(江南, 장강 하류 지역)에 유배되기에 이르렀다. 오랜 기간 방랑 생활을 계속하던 굴원은 결국 기원전 278년 절망 끝에 멱라(汨羅) 연못(호남湖南 성 동북부)에 몸을 던져 목숨을 끊고 말았다.

굴원의 작품집 『초사(楚辭)』에는 「이소(離騷)」, 「구가(九歌)」, 「천문(天問)」 등 다양한 작품들이 수록되어 있다. 그러나 이 가운데 굴원 본인이 쓴 작품이 정확히 무엇인지에 대해서는 아직까지도 논의가 진행되고 있다. 굴원의 전기와 맞아떨어지는 요소가 곳곳에 보이는 장편 서사시 「이소」는, 관직에서 밀려난 후 유배의 고통에 직면해 격분한 화자가 자신의 억울함을 천제(天帝)에게 호소하고자 천상세계로 올라가 이곳저곳을 방랑한다는 내용의 작품이다.

여기서 화자는 왕을 '미인'에, 결백한 자기 자신을 '향기로운 풀'에 비유하고 있다. 이 때문에 「이소」를 '미인향초(美人香草)'의 문학이라 부르기도 한다.

굴원보다 조금 앞선 시기의 사람으로, 도가(道家) 사상의 시조 중 하나인 장자(莊子, 생몰년 미상) 또한 초나라와 관련이 있다. 장자는 원래 약소국인 송나라 출신이었다. 현재 장자의 상세한 생애는 알려져 있지 않지만 다음과 같은 이야기가 전한다. 초나라 회왕의 아버지인 위왕(威王, 재위 기원전 339~329)은 장자의 명성을 전해 듣고 그에게 재상이 되어달라고 요청했다. 그러나 장자는 "통통하게 살찌워져 제삿날 희생양으로 쓰이는 소가 되기보다는 진흙투성이가 되어 마음대로 나뒹구는 편이 훨씬 낫다"며 그 제안을 거절했다고 한다.

'노장(老莊) 사상'으로 불리는 데서도 알 수 있듯이, 도가 사상은 노자(老子)와 장자 두 사람을 시조로 한다. 선배인 노자는 춘추 시대 중엽에 동주 왕조의 도서관에서 근무한 관리였다. 그는 동주가 쇠퇴한 후 『노자』(『도덕경道德經』이라고도 함) 오천 자를 남기고 종적을 감추었다고 한다. 하지만 현재 남아 있는 『노자』는 오랜 시간에 걸쳐 많은 사

노자(老子)
(『역대고인상찬(歷代古人像贊)』)

굴원(屈原)
(『명가화고(名家畵稿)』)

람의 손길이 더해져 완성되었다고 보는 쪽이 실상에 가까울 것이다. 『노자』에 드러난 철학은 인간과 세상을 이롭게 하는 의미 있는 행동, 곧 '유위(有爲)'를 중시하는 유가 사상과는 완전히 대조적이다. 인간은 만물의 근원인 '도(道)'를 알아야 하며, 그러기 위해서는 아등바등 살지 말고 언제나 느긋하게 '아무것도 하지 않는(無爲)' '있는 그대로(自然)'의 경지에 몸을 내맡겨야 한다고 『노자』는 설파하고 있다. 이 '무위자연(無爲自然)'은 도가·노장 사상의 핵심을 압축해 표현하는 말로서 오랫동안 이어져 내려오고 있다.

장자도 노자와 마찬가지로 무위자연을 중시했지만, 두 사상 사이에는 제법 큰 차이가 있다. 노자의 무위는 문자 그대로 '아무것도 하지 않는 것'인 반면, 장자의 무위는 '내면적인 절대 자유의 세계에서 무심하게 노니는 것'을 의미한다. 『장자』에는 이러한 개념을 상징적으로 보여주는 '호접몽(胡蝶夢)'이란 유명한 문장이 있다.

"나 주(周, 장자의 이름)가 꿈에 나비가 된 것인지, 나비의 꿈에 나 주가 나온 것인지 알지 못하겠다."

곧 내가 나비가 된 꿈을 꾸는 것인지, 아니면 나비의 꿈 속에 내가 존재하는 것인지 알 수 없다는 말이다. 장자는 꿈과 현실, 삶과 죽음 등 모든 인위적인 구별을 뛰어넘어, 커다란 천지자연과 합일된 삶을 살며 내적인 자유의 세계를 계속 확장해 나갔던 사상가였다.

공자・맹자・순자로 대표되는 유가, 묵자를 시조로 하는 묵가, 상앙과 한비자 등이 주창한 법가, 소진과 장의 등이 활약한 종횡가, 노자와 장자를 시조로 하는 도가 등 제자백가의 수많은 사상들이 불꽃 튀는 경합을 벌인 춘추 전국 시대는 그야말로 중국 사상사의 황금시대라 할 만하다. 제자백가들의 사상 논쟁을 일컫는 백가쟁명(百家爭鳴)은, 후에 많은 학자나 예술가들이 자기의 학설이나 주장을 자유롭게 발표해 서로 논쟁하고 토론하는 일을 가리키는 말로 그 의미가 일반화되었다.

전국 사군의 활약

전국 시대의 난세에는 이채로운 인재들이 배출되었다. 세 치 혀끝으로 세상을 움직였던 소진과 장의 같은 종횡가에 뒤이어 '전국 사군(戰國四君)'이라 불린 인물들이 등장했다. '사군'이란 제나라 맹상군(孟嘗君, ?~기원전 279?), 조나라 평원군(平原君, ?~기원전 251), 위(魏)나라 신릉군(信陵君, ?~기원전 244), 초나라 춘신군(春申君, ?~기원전 238)을 가리킨다. 네 사람 중 맹상군만 군주의 조카였고, 나머지는 모두 군주의 아들인 공자(公子)였다. 이들은 자기 나라 혹은 다른 나라의 재상이 되어 제후 이상의 권력을 행사했다고 한다. 전국 사군은 내정과 외교에 탁월한 수완을 발휘했을 뿐만 아니라, 수천 명의 식객(食客)들을 거느린, 호방하고 의협심 강한 유협(遊俠)들의 우두머리이기도 했다.

전국 시대 여러 나라에 걸친 사군의 활약상은 눈부실 정도였다. 그중에서도 맹상군은 특출했던 존재다. 기원전 299년, 맹상군은 소양왕(昭襄王, 재위 기원전 306~251)의 초빙에 응해 진(秦)나라로 갔다. 소양왕은 맹상군을 재상으로 임명하려 했지만, 신하들이 "제나라 이익을 우선시할 게 틀림없다"며 반대하자 마음을 바꿔 맹상군을 투옥하고 살해하려 했다. 이에 맹상군은 소양왕의 애첩에게 몰래 사람을 보내 자신의 석방을 위해 힘써 줄 것을 부탁했다. 그러자 그 첩은 '호백구(狐白裘)'라 불리는, 여우의 흰 겨드랑이 털을 모아 만든 값비싼 모피를 주면 힘써 보겠다고 대답했다. 하지만 맹상군은 비장의 카드였던 호백구를 이미 소양왕에게 바친 터였기 때문에 그 요구에 응할 방법이 없었다. 이때 다행히도 맹상군이 데리고 온 식객 중 '구도(狗盜, 개 가죽을 뒤집어 쓴 도둑)'가 있어 소양왕의 창고에 몰래 들어가 호백구를 훔쳐 왔다. 그것을 받고 흡족해한 소양왕의 애첩이 잘 말해준 덕분에 맹상군은 간신히 풀려날 수 있었다.

풀려난 맹상군은 진나라를 탈출하고자 변장을 하고 온갖 고생 끝에 겨우 함곡관(函谷關, 중원에서 서쪽의 관중으로 통하는 관문-역자 주)에 도착했다. 그러나 맹상군은 또다시 난관에 맞닥뜨렸다. 아직 날이 새려면 멀었는데, 새벽닭이 울지 않으면 관문이 열리지 않았던 것이다. 일행이 우물쭈물하는 사이 추격대가 바짝 뒤쫓아 왔다. 이때 역시 동행한 식객 가운데 흉내를 잘 내는 사람이 있어 '계명(鷄鳴, 닭 울음소리)'을 내자 부근의 닭들이 덩달아 울었고, 그 덕분에 일행은 순조롭게 관문을 빠져나올 수 있었다. 이것이 바로 유명한 '계명구도(鷄鳴狗盜)' 고사다. 닭 울음소리와 개 가죽을 뒤집어 쓴 도둑이라는 뜻의 계명구도는, 오늘날 약삭빠른 잔꾀로 남을 속이는 재주 혹은 그런 재주를 가진 사람을 이르는 부정적인 의미로 쓰이고 있다.

맹상군이 식객의 도움으로 어려움을 극복한 또 다른 일화도 있다. 풍환(馮驩)이라는 식객에 관한 이야기다. 맹상군은 처음에 먼 길을 마다않고 찾아온 풍환을 삼등 숙소에 머물게 했다. 열흘 후 숙소의 관리인에게 그가 어찌 지내는지 묻자, 풍환이 볼품없는 긴 칼을 손으로 두드리며 "장검이여, 돌아갈거나! 반찬에 생선이라곤 없으니"라고 투덜거리더란 대답이 돌아왔다. 그리하여 맹상군은 식사에 생선이 나오는 이등 숙소로 풍환을 옮겨주었다. 그런

데 이번에는 "장검이여, 돌아갈거나! 나갈 때 수레가 없으니" 하고 중얼거렸다는 것이다. 그리하여 다시 외출할 때 수레를 내주는 일등 숙소로 옮겨주자, 풍환은 또다시 "장검이여, 돌아갈거나! 처자도 집도 없으니"라며 한탄했다고 한다. 그러나 맹상군도 이 요구만큼은 들어주지 않고 풍환을 그대로 일등 숙소에 머물게 했다. 이후 '장검이여, 돌아갈거나'라는 뜻의 '장협귀래호(長鋏歸來乎)'는 약간 의미가 변형되어, 유능한 인재가 의외의 박대를 당하는 경우 인용하는 표현이 되었다.

풍환은 그 후 맹상군을 위해 온 힘을 기울였다. 맹상군이 관직에서 쫓겨나 대부분의 식객들이 떠나갔을 때도 풍환만큼은 꿋꿋하게 그 옆을 지키며 맹상군의 명예 회복과 부활을 위해 많은 공헌을 했다. 이렇게 풍환은 자신의 요구를 최대한 성의 있게 들어준 맹상군에게 역시 최선을 다해 보답했던 것이다.

천하 통일을 향한 큰 물결

비록 맹상군을 놓치기는 했지만, 진나라 소양왕은 용맹한 장수 백기(白起, ?~기원전 257)의 대활약에 힘입어 한·위·조·초나라를 공략해 영토를 대대적으로 확장했다. 이 소양왕이 바로 진나라 시황제의 증조부다. 소양왕의 위세가 날로 커지는 상황에서도 그 압박에 굴하지 않고 맞섰던 사람이 조나라의 인상여(藺相如, 생몰년 미상)다.

한번은 조나라 혜문왕(惠文王, 재위 기원전 298~266)이 '화씨벽(和氏璧)'이라는 아름다운 구슬을 손에 넣은 일이 있었다. 이 소문을 들은 진나라 소양왕은 화씨벽을 갖고 싶은 마음을 억누르지 못하고, 조나라에 사신을 보내 "진나라의 열다섯 성(城)과 그 구슬을 교환하고 싶다"고 청했다. 혜문왕은 이 문제를 놓고 신하들과 머리를 맞댔지만 좀처럼 의견이 모아지지 않았다. 그 요청을 정말로 받아들여 화씨벽을 넘겨주자니 필시 성은 받을 수 없을 것이고, 그렇다고 넘겨주지 않자니 진나라 군대가 그것을 빌미로 공격해올 것이 걱정되었기 때문이다.

이때 무명에 가까웠던 인상여가 그 지혜와 배짱을 인정받아 사신이 되어 화씨벽을 가지고 진나라로 갔다. 인상여는 돈 한 푼 들이지 않고 보물을 가로채려 한 소양왕과 '노발충관(怒髮衝冠)'의 기백으로 담판을 벌여 화씨벽을 다시 조나라로 가지고 돌아오는 데 멋지게 성공했다. 극심한 분노로 머리털이 곤두서 머리에 쓰고 있는 관을 찌른다는 뜻의 노발충관은 몹시 화가 난 모양을 비유적으로 일컫는 말이다. 또한 구슬을 온전히 지킨다는 뜻을 가진 '완벽(完璧)'이라는 말도 이 인상여의 이야기에서 유래했다. 지금은 그 의미가 조금 달라져 흠이 없이 완전한 것을 가리키는 말로 매우 일상적으로 쓰이고 있다.

인상여는 구슬을 온전히 한 공로로 상경(上卿)이 되어, 조나라 최고 장군인 염파(廉頗)보다 높은 지위에 오르게 되었다. 처음에 염파는 '말 한마디 잘해' 고관이 된 인상여 밑에 있게 된 것을 분하게 여겼다. 그러나 인상여가 "지금 진나라가 조나라를 공격하지 못하는 것은 염파 장군과 내가 있기 때문이다"라며 몸을 낮추자, 염파는 그를 못마땅하게 여겼던 것을 사과했다. 이후 두 사람은 '문경지교(刎頸之交)'를 맺어 둘도 없는 친구 사이가 되었다. 문경지교는 문자 그대로 하면 서로를 위해 목이 달아나더라도 후회하지 않을 정도로 친한 사이라는 뜻이다. 현재는 아주 가까운 친구 사이 혹은 그런 친구를 가리키는 말로 광범위하게 쓰이게 되었다.

조나라는 인상여와 염파가 굳건히 손잡고 있는 동안 평화를 유지할 수 있었다. 그러나 인상여가 병들고 염파도 노년기에 접어들자 상황은 심상치 않게 변해갔다. 기원전 260년 진나라의 맹장 백기는 염파가 경질되고 젊은 조괄(趙括)이 장군이 되었다는 정보를 입수하자마자 군사를 일으켰다. 백기는 장평(長平, 산서 성 고평高平 현 서북)에서 조나라 군대를 격파하고 40만 병사를 생매장시켰다. 이 장평 전투가 있은 다음 해 진나라 군대는 조나라의 수도 한단(邯鄲)을 포위하기에 이르렀다. 한단의 군사와 백성들은 성 안에서 1년을 넘게 버티다 함락 직전의 상황까지 내몰렸지만, 초나라와 위(魏)나라의 구조 덕분에 가까스로 포위에서 풀려날 수 있었다. 그러나 이 전투 이후 조나라의 국력은 계속 약화되어갔다.

"진기한 물건은 사 두어야 한다"

진나라 소양왕은 조나라에 점점 압박을 가하는 한편, 자초(子楚)라는 손자 한 명을 인질(人質)로 보내 협정 관계를 맺는 이중적인 태도를 취했다. 그러니 진나라가 조나라를 침입해올 때마다 자초는 난처한 입장에 처할 수밖에 없었다. 이런 자초를 주목한 인물이 있었으니, 바로 거상(巨商) 여불위(呂不韋, ?~기원전 235)다.

여불위는 탁월한 상인이었다. 그는 장사가 될 만한 가치 있는 물건을 미리 알아보고 사두었다가 나중에 더 큰 이익을 남기고 팔아 엄청난 부를 축적했다. 여불위는 그런 뛰어난 사업 감각으로, 자초를 보자마자 "진기한 보물은 미리 사두어야 한다" 곧 '기화가거(奇貨可居)'라고 하면서 그에게 접근했다. 그리고 자신의 재력을 이용해 자초에 대한 투자를 아끼지 않는 동시에 교묘한 정치 공작을 전개했다.

자초의 아버지는 소양왕의 태자인 안국군(安國君)이었다. 하지만 자초는 본처의 소생이 아니었기 때문에 조나라에 인질로 와 있었던 것이다. 원래 안국군의 본처인 화양 부인(華陽夫人)에게는 아들이 없었다. 여불위는 값비싼 뇌물로 화양 부인을 꼬드겨 자초를 그녀의 양자로 들이는 데에 성공했다. 이리하여 자초는 안국군의 적자(嫡子, 본처가 낳은 아들-역자 주)가 되어 순조롭게 진나라의 왕위 계승 자격을 획득하게 되었다.

기원전 251년 소양왕이 죽고 태자 안국군(효문왕孝文王)이 즉위했다. 하지만 곧바로 세상을 떠났기 때문에, 이미 조나라에서 탈출해 귀국해 있던 자초가 즉위하여 장양왕(莊襄王, 재위 기원전 249~247)이 되었다. 여불위의 계획이 기막히게 맞아떨어진 것이다.

타고난 장사꾼이었던 여불위에게 더욱 은밀하고 중대한 비밀이 있었다는 전설도 내려오고 있다. 자초가 조나라에 머물 때, 여불위의 저택에서 벌어진 연회에 갔다가 한단 출신의 아름다운 무희(舞姬)에게 한눈에 반하고 말았다. 자초는 여불위에게 간청해 그 무희를 얻을 수 있었다. 그런데 그녀는 사실 여불위의 애인이었고, 이미 임신을 한 상태에서 그 사실을 숨긴 채 자초의 측실이 되었다. 그녀가 낳은 정(政)이라는 이름의 남자 아이가 바로 훗날의 진나라 시황제(始皇帝, 기원전 259~210)라는 것이다. 이 이야기에 따르면 시황제는 원래 거상 여불위의 아들이라는 말이 된다.

 즉위 3년 만에 장양왕이 죽고, 기원전 247년 출생의 비밀을 간직한 정이 열세 살의 나이로 즉위했다(다음 해인 기원전 246년이 진왕 정의 원년이다). 훗날 시황제가 되는 정의 등장으로, 500년 넘게 지속돼온 춘추 전국의 난세도 마침내 막을 내리게 되었다.

형가(荊軻), 진시황제에게 비수를 겨누다
(『진병육국평화(秦幷六國平話)』)

제3장
「물이 너무 맑으면 물고기가 살지 않는다」
──통일 왕조의 출현

1 진의 시황제

냉혹한 진왕 정

 기원전 247년 진왕(秦王) 정(政)이 13세 나이로 즉위했을 때, 실권을 장악하고 있던 사람은 두말할 것도 없이 실력자 여불위(呂不韋)였다. 여불위는 낙양(洛陽)에 광대한 영지를 하사받아 1만 명에 달하는 하인을 두는 등, 온갖 사치를 부리며 더없는 부귀영화를 누리고 있었다. 또한 앞서 얘기한 전국 사군(四君. 맹상군, 평원군, 신릉군, 춘신군)에 맞먹는 3,000명의 식객을 거느리기도 했다. 여불위는 자신의 식객 가운데서 문학적 재능이 뛰어난 사람들에게 각 분야별 저술을 맡겨, 기원전 239년 대백과사전인『여씨춘추(呂氏春秋)』를 편찬했다.

 『여씨춘추』의 완성에 즈음하여 한껏 자신만만해진 여불위는 행인들의 왕래가 잦은 수도 함양(咸陽. 섬서 성 서안 시의 서북)의 시장 입구에『여씨춘추』를 진열해 놓았다. 그리고 그 위에 금 덩어리를 매달아두고 "여기에 한 자라도 더하거나 뺄 수 있는 자가 있으면 천금을 주겠다"는 팻말을 내걸었다. 무엇이든지 돈의 힘으로 해결하겠다는 생각은 상인 출신인 여불위가 아니고는 쉽게 할 수 없는 것이라 하겠다. 후세에 훌륭한 문장을 가리켜 '일자천금(一字千金)'이라 일컫는 것은 바로 이 일화에서 비롯되었다.

하지만 여불위의 운명은 곧 돌변한다. 그 계기가 된 것은 진왕 정의 생모인 모태후(母太后) 조희(趙姬)의 난잡한 행실이었다. 그녀는 남편인 장양왕이 죽은 뒤 여불위가 끌어들인 노애(嫪毐)라는 남자를 총애하여 남몰래 아이를 둘이나 두었던 것이다. 기원전 238년, 이 사실을 알게 된 정은 과감한 조치를 취했다. 반란을 꾀한 노애를 거열형(車裂刑)에 처하고 어머니가 낳은 두 아들을 살해한 뒤, 이 사건의 원인을 제공한 여불위의 관직을 박탈했던 것이다. 하지만 사건은 이 정도로 끝나지 않았다. 실각한 뒤에도 여불위가 암암리에 세력을 유지하자, 이를 참지 못한 정은 3년이 지난 기원전 235년 여불위를 촉(蜀, 사천 성) 땅으로 유배 보내기로 결정했다. 모든 것이 끝났다고 단념한 여불위는 단숨에 독을 마시고 자살하고 말았다. 정은 여불위의 죽음으로 비로소 명실상부한 진나라 최고 권력자가 될 수 있었다. 즉위한 때로부터 12년이 흐른, 정의 나이 25세 때의 일이다.

불발로 끝난 암살극

 이후 진왕 정은 각 지역으로 계속 군대를 파견하여 착착 천하 통일 계획을 추진해갔다. 전국 시대 육국(六國)인 한·위·조·초·연·제나라 가운데 가장 먼저 표적이 된 것은 국력이 제일 약했던 한(韓)나라였다. 정은 기원전 230년 한나라를 멸망시킨 것을 시작으로, 그 2년 뒤에는 과거 무희였던 어머니의 나라이자 자신도 유년 시절을 보내 인연이 깊었던 조(趙)나라까지 멸망시켰다. 그칠 줄 모르는 진나라의 공세에 나머지 네 나라의 위기감은 고조되어갔다. 그중에서도 조나라 북쪽에 위치한 연(燕)나라는 완전히 공황 상태에 빠졌다.

 이때 연나라의 태자 단(丹)은 마지막 비상수단으로 정을 암살할 계획을 세웠다. 여기에는 속사정이 있다. 단은 예전에 인질로 조나라에 보내졌던 적이 있어서, 마찬가지로 진나라에서 인질로 와 있던 자초(子楚) 곧 장양왕의 아들인 정과는 어릴 때부터 친한 사이였다. 그랬던 정이 진나라의 왕위에 오른 뒤, 연나라 태자 단은 진나라에 또다시 인질로 가게 되었다. 단은 어릴 적 친분에도 불구하고 자신을 냉대하는 정을 원망하며, 진나라를 탈출해 연나라로 도망쳐 왔다. 그리하여 정의 냉혹함을 너무나 잘 알고 있는 태자 단은 시시각각 닥쳐오는 멸망의 순간을 어떻게든 피해보고자 정에게 자객을 보내기로 했던 것이다.

연나라의 운명을 짊어질 자객으로는 형가(荊軻, ?~기원전 227)라는 인물이 선택되었다. 형가는 진나라에 멸망당한 약소국인 위(衛)나라 출신으로, 학식이 뛰어날 뿐만 아니라 검술에도 특별한 재능을 보였다. 그는 위나라를 탈출해 여러 나라를 유랑하던 도중 연나라에 잠시 머무르게 되었다. 형가는 축(筑, 거문고 비슷한 악기. 대나무로 때려서 연주한다)의 명수인 고점리(高漸離)와 우정을 나누면서, 함께 술을 마시고 비분강개를 토로하며 나날을 보내고 있었다. 그러던 중 누군가가 정을 암살할 자객으로 형가를 태자 단에게 추천했고, 단의 간절한 부탁을 받은 형가는 차마 뿌리치지 못하고 이 위험한 임무를 받아들였다.

하지만 의심 많은 진왕 정을 직접 만나기는 극히 어려웠다. 정의 믿음을 얻기 위해서는 그가 좋아할 만한 선물이 필요했다. 이때 형가는 태자 단에게 정이 갖고 싶어 하던 두 가지, 곧 진(秦)나라에서 망명해온 장군 번오기(樊於期)의 목과 연나라 독항(督亢) 지역의 지도를 요구했다. 단은 난색을 표했지만, 이 이야기를 전해 들은 번오기는 스스로 목을 베어 주었다.

이리하여 형가는 번오기의 목과 독항의 지도, 그리고 독을 바른 예리한 비수를 준비한 뒤 진무양(秦舞陽)이라는 연나라 용사를 수행원으로 데리고 길을 떠났다. 사실 형가는 따로 동행하고 싶었던 사람이 있었다. 그런데 그 사람이 도착하기 전에 시간에 쫓겨 어쩔 수 없이 태자 단이 추천한 진무양과 동행하게 되었던 것이다. 형가와 진무양이 길을 떠나는 날, 태자 단을 비롯해 이 일을 아는 신하들이 모두 흰 상복을 입고 역수(易水) 강가에 나와 둘을 전송했다. 이별의 순간 고점리가 구슬프게 축을 타자 형가가 그 장단에 맞춰 이렇게 노래했다.

바람은 쓸쓸하고 역수는 차가워라 (風蕭蕭兮易水寒)
장사 한번 가면 돌아오지 못하리 (壯士一去兮不復還)

전송 나온 사람들은 모두 이 비장한 노래에 감응해 눈이 치떠지고 머리털이 곤두섰다고 한다.

하지만 형가의 목숨을 건 계획은 결국 실패로 돌아가고

말았다. 가지고 간 헌상품 덕분에 정을 알현할 수는 있었지만, 수행원으로 데려간 진무양이 너무 긴장한 나머지 몸을 부들부들 떠는 등 미심쩍은 행동을 하는 바람에 먼저 추궁을 당하고 만 것이다. 형가는 가까스로 상황을 얼버무리고서 독항 지도 두루마리 속에 깊숙이 넣어두었던 비수를 꺼내 정을 찌르려고 했지만, 간발의 차이로 놓치고 말았다. 형가는 그 자리에서 목이 달아났고, 연나라 태자 단이 진나라 왕 정을 암살하려 했던 계획은 수포로 돌아가고 말았다. 기원전 227년의 일이다. 정을 죽음 직전까지 몰고 갔던 형가의 전기는, 지백의 복수를 위해 조양자를 죽이려다 실패했던 예양과 함께 『사기』의 「자객열전(刺客列傳)」에 실려 있다.

정은 이 암살 미수 사건이 일어난 다음 해 대군을 파병하여 연나라 수도 계(薊)를 함락하고 도망친 연나라 왕과 태자 단을 집요하게 추격했다. 끈질긴 추격 끝에 태자 단을 찾아내 죽인 후, 기원전 222년 왕까지 살해해 연나라를 완전히 멸망시켰다. 그 사이 정은 기원전 225년에 위(魏)나라를, 기원전 223년에는 초(楚)나라를 정복했다. 그리고 마지막으로 연나라 멸망 다음 해인 기원전 221년 최후까지 남아 있던 제(齊)나라를 멸망시킴으로써, 전국 시대 육국을 모두 병합하여 마침내 천하 통일을 이루었다. 이때 정의 나이 39세였다.

이렇게 보면 한번 길을 떠났다 다시는 돌아오지 못한 형가의 비장한 암살 시도는 멸망해가던 전국 시대 육국의 마지막 저항의 상징이라고도 할 수 있다. 이 형가의 암살 미수 사건에는 또 다른 후일담이 있다. 전 중국을 통일한 뒤 시황제로 칭호를 바꾼 정은 형가의 친구였던 축의 명수 고점리의 재주를 아깝게 여겨, 그의 눈을 멀게 한 뒤 자신의 곁에 두었다. 그러나 형가를 위한 복수의 일념을 버리지 않았던 고점리는 축 안에 납 덩어리를 넣어두었다가, 기회를 엿봐 그 축을 치켜들어 시황제를 향해 내리쳤다. 하지만 그는 앞을 볼 수 없었던 탓에 시황제를 명중시키지 못했고, 곧바로 죽임을 당하고 말았다. 고점리 역시 한번 결심을 굳히자 자신의 목숨을 걸고 친구의 못다 이룬 뜻을 이으려 한 의리의 사나이였던 것이다.

시황제의 천하 통일

천하 통일에 성공한 진왕 정이 제일 먼저 서두른 일은 최고 권력자의 칭호를 정하는 것이었다. 그는 '황제(皇帝)'라는 칭호를 채택하여 스스로를 '시황제(始皇帝)'라 하고, 자기 뒤를 잇는 후세들을 2세 황제, 3세 황제 식으로 부르도록 명령했다. 또한 황제가 스스로를 가리킬 때의 전용 호칭을 '짐(朕)'으로 할 것도 결정했다.

명칭과 실제 권력에 있어 이전의 누구도 밟아보지 못한 높은 자리에 오른 시황제는 통일 제국의 틀을 구체화하기 위한 작업에 착수했다. 그는 먼저 중국 전역을 36군(郡)으로 나누고, 각 군에 황제가 임명한 관리를 파견해 행정을 담당케 함으로써 중앙 집권 체제의 확립을 꾀했다. 이와 동시에 나라별로 제각각이던 도량형(度量衡), 화폐 단위, 수레바퀴 폭, 문자 체계 등을 통일하여 사회·경제·문화 제도를 정비하고 통합했다. 이렇게 분명한 구심점을 가진 정책을 단행함으로써, 모든 권력이 중앙 곧 황제에게 집중되는 대제국 진나라가 순식간에 형성될 수 있었던 것이다.

당시 시황제의 참모로서 핵심적인 역할을 수행한 사람이 이사(李斯, ?~기원전 208)다. 앞 장에서 살펴봤듯이, 진나라는 시황제가 천하를 통일하기 약 100년 전인 효공(孝公) 시대에 법가인 상앙(商鞅)을 기용해 엄격한 법과 제도를 시행하는 국가 개조 계획을 단행하면서 비약적인 발전을 이룩했던 역사가 있다. 성악설을 주장한 순자(荀子)와 같은 문파였던 이사는 다름 아닌 이 상앙의 사상과 정치 수법을 계승한 사람이었다. 이사는 진나라와 대립하고 있던 초나라 출신이었지만, 초강대국인 진나라에서 벼슬하여 출세하고자 한 야심가였다. 바람대로 막 왕위에 오른 정을 섬기게 된 이사는 곧 정의 핵심 참모가 되어 천하 통일 계획을 앞장서 추진했다. 또한 진 제국의 성립 이후에는 승상(丞相)에 올라, 앞서 언급한 많은 정책들을 제안하는 등 시황제를 도와 진나라의 중앙 집권 체제를 확립하는 데에 크게 공헌했다.

하지만 이사의 벼슬살이도 순풍에 돛 단 듯 마냥 순탄했던 것만은 아니다. 시황제가 천하 통일에 성공하기 전, 이사의 뛰어난 능력을 경계한 신하들이 다른 나라 출신자를 관직에서 배제해야 한다는 상소인 '축객령(逐客令)'을 올려 진나라에서 추방당할 뻔했던 적도 있었다. 이때 이사는 시황제에게 상소문을 올려 다른 나라 출신자를 차별하는 편협한 사고방식에 이의를 제기했다.

"태산은 작은 흙덩이도 사양하지 않으니 그래서 그 거대함을 이루고, 강과 바다는 실개천도 가리지 않으니 그래서 그 깊이를 이룹니다."

시황제가 이 의견을 받아들여 곧바로 축객령을 철회한 덕분에 이사는 계속 진나라에 머무르며 마음껏 능력을 발휘할 수 있었다. 이사의 상소문에 나오는 '태산불사토양(泰山不辭土壤)', 곧 "태산은 작은 흙덩이도 사양하지 않는다"는 표현은 넓은 도량으로 이질적인 것을 포용함을 말할 때 사용하게 되었다.

그러나 이견을 수용하고 다른 나라 출신의 사람도 포용할 수 있어야 한다는 자신의 상소와는 달리, 이사는 진나라의 승상이 된 후 강압적인 사상 통제 정책을 추진했다. 기원전 213년, 시황제가 일으켰던 악명 높은 '분서(焚書)' 사건도 사실 이사의 건의에 따른 것이었다. 분서의 목표는 의학이나 농업 서적 같은 실용서와 진나라의 역사서인 『진기(秦記)』를 제외한, 민간에 전해지던 모든 역사·문학·철학 서적들을 몰수하여 불태움으로써 철저하게 사상을 통제하려는 데에 있었다.

한편 이사의 능숙한 보좌를 받아 냉철하고 정확하게 천하 통일 사업을 추진하던 시황제의 유일한 약점은 죽음에 대한 공포였다. 사후에도 세상의 지배자이길 원했던 시황제는 수도 함양의 교외에 지하 궁전이라 해도 좋을 만큼 웅장하고 호화로운 여산릉(驪山陵, 진시황릉)을 축조했다. 또한 신선의 술법을 닦는 방사(方士. 방술方術을 행하는 자)의 말을 곧이곧대로 믿어, 종종 거금을 들여 불로장생의 선약(仙藥)이나 신선을 찾아오게 했다. 분서와 함께 시황제의 악명에 결정적 원인을 제공한 '갱유(坑儒)' 사건은 바로 이 영원불멸을 향한 소망의 부산물이었다. 분서가 일어난 다음 해 발생한 이 사건은, 노생(盧生)이라는 가짜 방사에게 속아 머리끝까지 화가 난 시황제가 그와 조금이라도 관련 있는 방사와 학자들을 집요하게 색출해 혹독하게 심문한 뒤, 그 가운데 460여 명을 산 채로 파묻는 형벌에 처한 것이었다. 이 갱유 사건과 분서 사건을 함께 묶어 흔히 '분서갱유(焚書坑儒)'라고 부른다.

누구보다 뛰어난 정치 감각을 가지고 있었으면서도, 내내 불안에 떨며 다가오는 죽음의 그림자로부터 자유롭지 못했던 시황제의 운명은 너무나 갑작스럽게 끝을 맞았다.

시황제의 분서갱유(焚書坑儒)(『제감도설(帝鑑圖說)』)

기원전 210년 전국 순행 길에 올랐다가 사구(沙丘. 하북河北성 평향㸁鄕 현 동북)에서 중병에 걸려 어이없이 세상을 떠나고 말았던 것이다. 그렇게 소원하던 천하 통일을 이룩하고 황제가 된 지 11년째 되던 해, 시황제의 나이 고작 50세 때의 일이었다.

조고의 공포정치

시황제의 마지막 전국 순행을 수행했던 주요 인물들은 막내아들 호해(胡亥), 승상 이사, 환관(宦官) 조고(趙高) 세 사람이었다. 이들은 함께 음모를 꾸며 맏아들 부소(扶蘇)를 후계자로 지명한 시황제의 유서를 숨기고 황제의 죽음조차 비밀에 부친 채 수도 함양으로 향했다. 도중에 그들은 사신을 파견하며 거짓 조서(詔書, 왕의 명령을 공표하는 문서-역자 주)를 보내, 부소를 자살하게 하고 그 후견인이었던 강직한 장군 몽염(蒙恬)을 체포하여 투옥했다. 이 몽염 역시 부소의 뒤를 따라 옥중에서 스스로 목숨을 끊었다. 음흉한 수단으로 경쟁자를 제거한 호해, 이사, 조고 세 사람은 함양에 도착하자마자 시황제의 죽음을 발표했고, 정해진 순서대로 호해가 진나라의 2세 황제 자리에 올랐다. 이 거대한 음모극의 각본을 쓴 주동자는 환관 조고였다.

2세 황제가 된 호해는 무능한 데다 향락을 즐기는 인물이어서, 그가 즉위하자마자 진나라는 멸망의 구렁텅이로 굴러 떨어지기 시작했다. 권력 찬탈을 꿈꾸던 사악한 조고는 이윽고 무능한 호해를 교묘하게 조종하며 자기에게 방해가 되는 사람들을 철저히 배제해 나갔다. 호해를 즉위시키는 데 한몫 했던 이사도 예외는 아니었다. 2세 황제가 즉위한 2년 뒤인 기원전 208년, 이사는 반란 혐의로 체포되어 처형당하고 말았다. 둘째 아들과 함께 처형장으로 끌려나오면서 이사는 아들에게 말했다.

"너와 함께 다시 한 번 누렁이를 데리고 내 고향 상채(上蔡, 하남 성)의 동쪽 문밖으로 사냥을 나가 토끼를 쫓아다니고 싶은 마음 간절하지만, 그것도 이제는 이룰 수 없는 꿈이 되었구나."

시황제의 핵심 참모로서 능수능란한 수완을 발휘했던 비정한 승상 이사도, 악의 화신이라 할 만한 환관 조고의 마수에 걸리자 옴짝달싹할 수 없었던 것이다.

이사를 제거하고 승상이 된 조고는 거침없이 마음껏 권세를 휘둘렀다. 2세 황제 호해는 조고의 꼭두각시로 완전히 전락했다. 이런 이야기가 있다. 어느 날 조고가 호해에게 사슴을 바치면서 "이것은 말입니다"라고 했다. 호해는 웃으며 "아닐세, 이건 사슴이네"라고 대답한 뒤 때마침 그 자리에 있던 신하들에게 생각을 물었다. 그러자 어떤 신하들은 보이는 대로 사슴이라 대답했고, 어떤 신하들은 말이라고 했다. 이 상황을 유심히 관찰하고 있던 조고는 정직하게 사슴이라 말한 사람들을 후에 여러 가지 구실을 붙여 모두 처치했다. 자기 뜻을 거스르는 사람은 살아남지 못할 것이라는 무시무시한 경고였던 셈이다. 그 결과 대부분의 신하들은 모두 조고 앞에 바짝 엎드리게 되었고, 두 번 다시 그의 의견에 반론을 제기하지 않았다.

이 이야기를 근거로 윗사람을 농락해 권력을 마음대로 휘두르는 것이나 틀린 주장을 끝까지 밀어붙여 남을 속이려 하는 짓을 '사슴을 가리켜 말이라 한다' 곧 '지록위마(指鹿爲馬)'라고 표현하게 되었다. 여기서 바보를 뜻하는 일본어 '바카(馬鹿)'가 나왔다는 설도 있지만, 이쪽에는 여러 설이 있어서 일괄하여 그렇다고 단언할 수는 없다.

2 초한의 전쟁

군웅할거의 난세

시황제가 죽은 뒤 진나라가 중심을 잃고 흔들리는 동안 사회 불안이 격화되어 각지에서 민중 반란이 일어났다. 그 도화선이 된 것은 변경 지역 수비대의 우두머리 진승

(陳勝)과 오광(吳廣)이 일으킨 반란이었다.

진승은 젊은 시절 찢어지게 가난해서 품삯을 받는 일꾼으로 남의 집 농사일을 거들어주고 있었다. 그러던 어느 날 진승은 주인에게 뜬금없이 이런 말을 했다.

"훗날 부자가 되더라도 서로 잊어버리지 않기로 합시다."

주인이 무슨 실없는 소리냐며 웃어넘기자, 진승은 한숨을 쉬며 이렇게 대꾸했다.

"참새나 제비 따위가 어찌 기러기와 고니의 큰 뜻을 알리오."

이 '연작안지홍곡지지(燕雀安知鴻鵠之志)'라는 말에서 도량이 좁은 소인배를 뜻하는 '연작'과 큰 포부를 가진 군자를 가리키는 '홍곡'이라는 표현이 나오게 되었다. 당시의 진승이 얼마나 야망에 부푼 자신만만한 젊은이였는지를 보여주는 일화다.

시황제가 죽은 다음 해인 기원전 209년, 진승은 오광과 함께 징집되어 변경인 어양(漁陽. 북경北京 시 밀운密雲 현 서남) 지역을 수비하기 위해 총 900명의 부대원들과 길을 떠났다. 하지만 장맛비 때문에 행군 일정이 지체되어 아무래도 기일 안에 도착할 수 없을 것 같았다. 진나라의 엄격한 군법은 기일 내 지정된 장소에 도착하지 못한 병사들을 사형에 처하고 있었다. 오도 가도 못하게 된 상황에서 진승과 오광이 결단을 내렸다. 부대의 인솔 책임자를 살해한 뒤 전원을 집합시켜 '왕후장상 영유종호!(王侯將相, 寧有種乎!)' 곧 "왕후장상의 씨가 어찌 따로 있겠느냐!"라고 선동하며 진 왕조에 반기를 들었던 것이다.

이 반란을 계기로 여러 영웅들이 각지에서 동시에 들고 일어나 세력 다툼을 벌이는 '군웅할거(群雄割據)'의 혼란기가 이어졌다. 이렇게 군웅들 간의 격렬한 투쟁 과정을 거쳐 항우(項羽, 기원전 232~202)와 유방(劉邦, 기원전 246 혹은 247~195)이라는 두 영웅이 두각을 드러냈다.

그 사이, 온갖 악행을 일삼던 조고는 기원전 207년 끝내 꼭두각시처럼 조종하던 2세 황제 호해를 살해했다. 조고는 원래 자신이 황제가 될 작정이었지만, 신하들이 모두 외면했기 때문에 어쩔 수 없이 호해의 형인 공자(公子) 영(嬰)을 즉위시켰다. 영은 즉위하자마자 조고의 마수에 걸릴세라 선수를 쳐 그를 죽여버렸다. 하지만 때는 이미 늦어, 다음 해인 기원전 206년 영은 수도 함양까지 공격해 들어온 유방의 군대에 항복하고 말았다. 결국 시황제가 죽은 지 겨우 4년 만에 대제국 진나라는 멸망하고 말았던 것이다.

항우와 유방

함양을 제압한 유방은 먼저 진나라의 복잡하고 엄격한 법률을 없애고 단 세 항목으로 된 법률을 제정했다. 이 세 항목이란 사람을 죽인 자는 사형에 처하고, 사람에게 상해를 입힌 자와 도둑질한 자는 처벌한다는 매우 간단명료한 것이었다. 이것을 가리켜 '법삼장(法三章)'이라고 한다.

유방에게 선수를 뺏긴 항우는 한발 늦게 함양의 동남쪽 홍문(鴻門)에 도착했다. 그리고 부장(部將) 범증(范增)의 계획에 따라, 함양 남쪽의 패상(覇上, 패수覇水 주변)에 주둔 중이던 유방을 연회에 초대한다는 구실로 불러들여 살해하려 했다. 하지만 막상 연회가 시작되자 항우는 머뭇거리며 유방 살해 계획을 결행하지 못했다. 초조해진 범증은 항우의 사촌 형제인 항장(項莊)을 시켜 검무를 추는 척하면서 유방의 목을 베도록 지시했지만, 유방의 용맹스런 장수

번쾌(樊噲)가 막아서는 바람에 손을 쓸 수 없었다. 이렇게 항우는 결국 유방을 놓치고 말았다.

최대 맞수인 유방을 제거할 수 있는 단 한 번의 기회를 눈앞에서 놓쳐버린 항우의 우유부단함에 대단히 실망한 범증은 큰소리로 그를 비난했다.

"아아! 어린애와는 같이 일할 수가 없구나. 항왕(項王, 항우)의 천하를 뺏을 자는 분명 저 패공(沛公, 유방)일 것이야!"

이것이 바로 그 유명한 '홍문의 연회' 곧 '홍문지회(鴻門之會)' 장면이다. 이 범증의 말 가운데 '수자부족여모(豎子不足與謀)'라는 표현은 어린애와는 함께 일할 수 없다는 뜻으로, 어수룩하고 경험이 부족한 사람과는 큰일을 함께할 수 없다는 표현으로 사용된다.

위의 이야기를 통해서도 일부 짐작할 수 있듯이 항우와 유방은 하나부터 열까지 대조적인 인물이었다. 무엇보다 항우는 전국 시대 강대국인 초(楚)나라의 호족(豪族) 출신이었지만, 유방은 패(沛. 강소江蘇 성 패 현) 지방의 별 볼일 없는 무뢰배 출신이었다. 또한 항우는 용감무쌍하고 힘이 센 전형적인 장수였지만, 유방은 완력조차 그다지 세지 않았다. 이 두 사람의 차이를 분명하게 보여주는 일화가 있다.

항우와 유방 모두 아직 이름이 알려지지 않았던 젊은 시절, 두 사람은 각각 다른 장소에서 진나라 시황제의 성대한 행차 광경을 목격했다. 이때 항우는 "저 자리, 빼앗아서 내가 차지해야지!"라고 호기롭게 말한 반면, 유방은 "야아, 사내대장부라면 정말 저 정도는 되어야지!"라며 감탄을 했다고 한다. 이것은 어떤 일이든 힘을 앞세워 무리하게 밀어붙였던 항우와 어딘지 태평스레 여유가 있었던 유방의 차이가 똑똑히 드러나는 일화라 하겠다.

유방은 출신도 개인적인 무력도 항우보다 열등했지만, 언제나 냉정하고 여유 있게 정세를 판단하는 지략에 있어서는 항우를 완전히 압도했다. 유방은 그것을 무기로 삼아 강적 항우를 서서히 궁지로 몰아갔다. 홍문의 연회 이후 기세등등하게 함양으로 쳐들어간 항우의 군대는 마음껏 파괴와 약탈을 자행했다. 이때 시황제가 엄청난 자금과 노동력을 쏟아부어 만든 화려한 지하 궁전 여산릉도 초토화되었다. 이에 반해 자신의 임무를 마무리한 후 함양에서 깨끗이 물러나 귀환한 유방은 곧 '한왕(漢王)'에 봉해졌고, 영지로 받은 촉(蜀) 땅으로 가 세력을 재정비했다.

한신(『삼재도회(三才圖會)』)

그 즈음하여 유방은 반진(反秦) 기치를 내건 이래 책략을 도맡아온 신하 소하(蕭何, ?~기원전 193)의 추천으로 한신(韓信, ?~기원전 196)을 대장에 기용했다. 어린 시절 한신은 매우 가난한 데다 마냥 태평한 성격이었다. 한번은 불량배에게 위협을 당하자, 상대하지 않는 편이 좋겠다고 판단해 시키는 대로 엎드려 그 바짓가랑이 밑을 기어 나왔다고 한다. 가랑이 밑을 기는 치욕이라는 뜻의 '과하지욕(袴下之辱)'은 이후 져주는 것이 곧 이기는 것이다, 혹은 큰 뜻을 품은 사람은 쓸데없는 일로 승강이하지 않는다는 말로 널리 쓰이고 있다. 이후 한신은 항우의 수하로 들어갔지만, 마땅히 활약할 기회를 얻지 못한 채 때를 기다리다 유방에게로 옮겨갔다. 그런 전력이 있는데도 소하가 한신을 나라에 둘도 없는 인재, 곧 '국사무쌍(國士無雙)'이라며 칭찬을 아끼지 않자, 유방이 그를 받아들여 대장으로 기용했던 것이다.

유방의 투자는 큰 성공을 거두었다. 기원전 204년, 한신은 겨우 군사 1만을 이끌고 배수진을 쳐서 조(趙)나라 왕 헐(歇)이 이끄는 20만 대군을 격파했다. 이 승리를 시작으로 한신은 출병하는 곳마다 당해 낼 자가 없을 정도의 대활약을 펼쳐, 유방이 천하를 통일하는 과정에서 주역을 담당했다. 이 한신의 고사를 근거로 더 이상 물러날 곳이 없는 상황에서 결사의 각오로 어떤 일에 임하는 것을 '배수진(背水陣)'이라고 표현하게 되었다.

한신과 조나라 왕 헐의 전투에 얽힌 또 다른 이야기도 있다. 배수진을 쳐 전투를 승리로 이끈 한신은 포로로 잡은 조나라의 유능한 군사(軍師)인 광무군(廣武君) 이좌거(李左車)에게 앞으로 연나라와 제나라를 어떻게 공략하면 좋을지 물었다. 이때 이좌거는 "패군의 장수는 용맹에 대해 말할 수 없고, 망국의 신하는 다른 나라의 존속을 도모할 수 없다"고 대답했다. 이좌거의 이 말에서 '패군지장불어병(敗軍之將不語兵)', 곧 "전쟁에서 패한 장수는 병법을 논하지 않는다"는 관용구가 생긴 것이다.

해하(垓下)의 전투에서 패배한 항우
『가풍기(歌風記)』

　한신 등이 전력을 다해 용맹한 활약을 펼친 덕분에 유방의 지배 영역은 점점 확대되었다. 기원전 202년, 마침내 항우는 궁지에 몰려 해하(垓下, 안휘安徽 성 영벽靈璧 현의 동남)의 성에서 유방의 군대에 포위당하는 처지가 되었다. 이때 성채를 포위하고 있던 한나라 유방의 군사들이 항우의 고향인 초나라 노래를 부르는 소리가 사방에서 들려왔다. 이 '사면초가(四面楚歌)'를 들은 항우는 한나라 군사 가운데 초나라 출신 병사가 이 정도로 많이 섞여 있는 것을 보면, 자신의 고향마저 이미 유방의 수중에 들어간 것이 틀림없다 생각하고 패배를 시인했다. 그러면서 항우는 전쟁터까지 데리고 왔을 정도로 사랑하는 여인 우미인이 애처로워 "우미인이여, 우미인이여, 그대를 어찌할꼬!(虞兮虞兮奈若何!)"라고 읊조리며 눈물을 떨어뜨렸다. 그 다음 날 포위망을 뚫고 도주하던 항우는 추격해온 유방의 기병대와 힘겹게 맞서 싸우다 스스로 목을 베어 숨을 끊고 말았다. 항우의 나이 31세였다. 최대 맞수였던 항우의 죽음으로, 유방의 한 왕조는 명실 공히 천하 통일을 이룩하게 되었다.

주변에 온통 적뿐이고 도와줄 사람이 아무도 없는 곤란한 처지를 일컫는 성어인 '사면초가'는, 바로 이 유방과 항우의 불꽃 튀기는 싸움 '초한전쟁(楚漢戰爭)'의 마지막 장면을 응축한 표현이다.

3 전한과 후한 왕조

여후의 전횡

기원전 202년, 항우를 제거한 유방은 장안을 수도로 하는 전한(前漢. 기원전 202~기원후 8) 왕조의 초대 황제가 되었다. 그러나 이후 유방은 침착하고 대범했던 본래의 성품을 잃어버리고 점차 시기심의 노예가 되어갔다. 게다가 잔인한 성격의 부인 여후(呂后)의 부추김까지 더해져, 그는 한신과 팽월(彭越)같이 온갖 고락을 함께해온 공신들을 숙청하기 시작했다. 한신은 반란 혐의로 체포되었을 때 이렇게 탄식했다.

"교활한 토끼가 죽으면 좋은 사냥개가 삶기고, 높이 나는 새가 없어지면 훌륭한 활이 처박히며, 적국을 무너뜨리면 참모가 죽게 된다.(狡兎死, 良狗烹. 高鳥盡, 良弓藏. 敵國破, 謀臣亡)"

이 표현은 앞서 이야기한 춘추 시대 오왕 부차의 참모였던 범려가 죽으며 남긴 '토사구팽'을 부연한 것이다.

아끼던 충신들을 제 손으로 쳐내고 만년에 이르러 급속도로 쇠약해진 고조(高祖) 유방은 즉위한 지 12년째 되던 기원전 195년 사망했다(초대 황제는 고조 또는 태조太祖 등으로 불린다). 그 뒤 모든 권력을 장악한 사람이 여후였다. 여후는 아들인 혜제(惠帝)를 시작으로 차례차례 나이 어린 꼭두각시 황제를 즉위시켜 표면적인 형식만 갖춘 채, 막강한 권세를 쥐고 마음대로 휘둘렀다. 이리하여 기원전 180년 여후가 죽을 때까지, 여후 일족이 모든 주요 관직을 독점하고 다른 중신들은 그저 제 몸 사리기에 급급해 아예 입을 다무는 비정상적인 정국이 계속되었다.

하지만 여후가 세상을 떠나자마자 중신들이 반란을 일으켜 여후 일족을 모조리 쓸어버렸다. 그 즈음 중신의 한 사람인 주발(周勃, ?~기원전 169)이 한나라 병사들을 향해 "여후를 위할 자는 오른쪽 어깨를 드러내고, 유씨를 위할 자는 왼쪽 어깨를 드러내라!"고 호령했다. 그러자 모든 병사들이 '좌단(左袒)', 곧 왼쪽 어깨를 드러냈다고 한다. 남을 편들어 동의한다는 뜻을 가진 "좌단하다"라는 말은 이 고사에서 비롯된 표현이다.

여후 일족이 전멸한 뒤 중신들은 대(代, 산서성 북부) 지방을 다스리고 있던, 유방의 아들 유항(劉恒)을 황제 자리에 앉혔다. 그가 바로 전한 제5대 황제인 문제(文帝, 재위 기원전 180~157)다. 문제의 어머니 박 부인(薄夫人)은 그 수더분한 성품 덕분에 유방이 죽은 후 여후가 그의 총애를 받던 여자들을 박해했을 때도 해를 입지 않고, 유항과 함께 변경의 대 지방에서 살고 있었다. 여후의 지나친 권력욕에 혹독하게 시달렸던 중신들은 가장 눈에 띄지 않는 존재였던 이 모자(母子)에 주목해 유항을 황제로 추대했던 것이다.

문제는 비록 얼떨결에 황제가 되긴 했지만 상당히 우수한 능력을 발휘했다. 냉정하고 침착한 성품의 문제는 주발, 진평(陳平), 가의(賈誼, 기원전 200~168) 등 유능한 신하들을 참모로 기용해 그들의 의견에 귀를 기울였다. 문제가 신임한 참모 가운데서 당대 손꼽히는 문장가였던 가의는 종종 문제에게 상소를 올려 전한 왕조의 체제 개혁 방안을 건의했다. 후한 시대 반고가 쓴 『한서(漢書)』의 「가의전」에는 그 대략적인 내용이 실려 있다. 그중 "앞 수레가 뒤집어진 자국은 뒤에 가는 수레의 경계다(前車覆轍, 後車之戒)"라는 표현이 있다. 전한에 앞선 진(秦)나라가 왜 겨우 10여 년 만에 멸망했는지, 그 이유를 되새길 필요가 있다는 맥락에서 사용된 말이다. 이 문장에서 비롯한 '전거복철(前車覆轍)'은 앞사람이 실패한 이유를 똑똑히 살펴서 뒷사람은 그 전철을 밟지 않도록 해야 한다는 의미로 쓰이고 있다.

문제는 참모들의 건의를 적극적으로 수용해 세금을 낮추고 형벌을 줄이도록 배려하는 등 건실한 정치사회 체제를 정립하고자 애썼다. 또한 문제의 아들인 제6대 황제 경제(景帝, 재위 기원전 157~141)는 유씨 일족의 여러 왕들이 일으킨 '오초칠국(吳楚七國)의 난'을 평정하여 중앙 집권 체제를 확립했다. 그리하여 전한 왕조의 기반은 반석처럼 튼튼해졌다. 이렇게 전한 왕조는 문제와 경제 시대에 여러 난제들을 처리함으로써 안정을 얻고 상승의 기운을 타게 되었던 것이다.

정치에 휘말린 만년의 무제

문제와 경제 시대에 국력 강화의 기틀을 다진 전한 왕조는 경제의 아들인 제7대 황제 무제(武帝, 재위 기원전 141~87) 시대에 이르러 최고의 전성기를 맞이했다. 유가 사상에 기반을 두고 정치 및 관료 기구를 정비하고자 했던 무제는 이전부터 명망이 높던 유학자들을 초빙해 그들의 의견에 귀 기울였다.

이렇게 초빙된 유학자 가운데 원고생(轅固生)이라는 90세 넘은 노인도 있었다. 그때 함께 초빙된 유학자 공손홍(公孫弘)이 이런 노인에게 무엇을 기대할 수 있겠냐며 쏘아붙이자, 원고생은 태연하게 받아쳤다.

"공손 군, 곡학아세(曲學阿世)하지 말게."

'곡학아세'란 학문의 올바른 도를 굽혀 세상에 아첨하는 것, 혹은 그렇게 시류에 편승하는 엉터리 학자를 가리키는 말로 지금도 널리 쓰이고 있다. 나중에 공손홍은 무제의 총애를 받는 신하가 되었지만, 음흉한 정치 공작을 구사하여 이런저런 악평이 끊이지 않았다. 원고생이 한 번 척 보고 간파한 그의 '곡학아세'하는 성향은 끝까지 변하지 않았던 것이다.

공손홍 같은 인물도 종종 있었지만, 전반적으로 무제의 유학자 등용 정책이 큰 효과를 발휘해 전한의 국가 기반은 더욱더 강화되어갔다. 충실한 내정은 대외 정책에도 변화를 가져왔다. 전한은 성립 초기부터 북방 이민족인 흉노족(匈奴族)에 대한 회유 정책을 계속 유지해왔다. 하지만 국력을 강화해 자신감을 얻은 무제가 정책 방향을 바꿔 무력 대결 노선을 취함으로써, 흉노에 큰 타격을 입혀 그 세

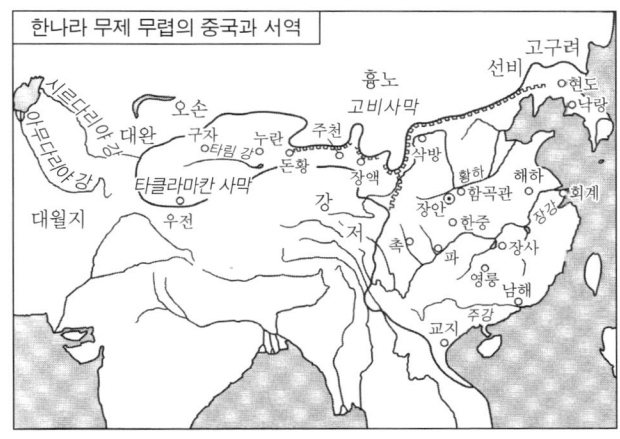

력을 약화시키는 데 성공했다.

이 과정에서 핵심적인 역할을 한 인물이 군사 방면의 두 천재, 무제의 애처인 위 황후(衛皇后)의 동생 위청(衛靑, ?~기원전 106)과 조카 곽거병(霍去病, 기원전 140~117)이었다. 위 황후는 원래 무제의 누이인 평양 공주(平陽公主) 밑에 있던 전속 가무단 소속의 가수였다. 서민 출신인 위 황후의 뛰어난 친척 덕분에 흉노를 격파하고 영토를 확장한 기원전 129년에서 117년 무렵까지가 무제로서도 전한 왕조로서도 절정의 순간이었다고 하겠다.

하지만 16세에 황제가 되어 너무 오랫동안 최고 권력자의 자리에 있었기 때문인지, 무제는 노령에 접어들면서 점차 정치에 권태를 느끼기 시작했다. 한편 늙은 위 황후에 대한 애정이 식고 빼어난 미모의 이 부인(李夫人)에게 빠져 지내는 등 공사 양면에 걸쳐 흔들리는 조짐을 보였다.

무제에게 이 부인의 존재를 알려준 사람은 그녀의 오라버니인 이연년(李延年)이었다. 무제를 섬기는 가수였던 이연년은 무제 앞에서 이런 노래를 불렀다.

북방에 아름다운 여인이 있어 (北方有佳人)

절세 미모의 유일한 존재일세 (絶世而獨立)

한 번 돌아봄에 성을 기울게 하고 (一顧傾人城)

두 번 돌아봄에 나라를 기울게 하네 (再顧傾人國)

성과 나라 기울게 하는 어리석음 어찌 모르랴만

(寧不知傾城傾國)

아름다운 여인은 다시 얻기 어렵네 (佳人難再得)

무제는 이 노래에 나오는 미녀가 이연년의 누이동생임을 알고는 곧바로 그녀를 불러들였다. 노년기 무제의 마음을 송두리째 사로잡은 이 부인의 등장이었다. 이 이연년의 노래에서 빼어난 미모의 여인을 가리키는 '임금이 혹하여 나라가 기울어져도 모를 정도의 미인' 곧 '경성(傾城)·경국(傾國)의 미인'이라는 표현이 유래했다. 당나라 시인 백거이(白居易, 자는 낙천樂天. 772~846)가 「장한가(長恨歌)」의 첫머리에서 "한 황제(당 현종을 가리킴-역자 주)가 여색을 중히 여기고 경국을 그리워하여"라며 양귀비의 미모를 '경국'이라 표현한 것이 대표적인 예다.

이 부인을 얻은 무제가 환락에 빠져 판단력을 상실하면서 대(對) 흉노 정책도 덩달아 삐걱거리기 시작했다. 이런 와중에 한나라의 신하 두 명이 연달아 흉노의 포로가 되었다. 한 명은 기원전 100년(천한天漢 원년)에 무제의 사신으로 흉노를 방문했던 소무(蘇武, 기원전 140?~60)이고, 다른 한 명은 그 다음 해 이 부인의 또 다른 오라버니 이광리(李廣利)가 이끈 흉노 토벌군에 참가해 힘겹게 싸우다 결국 적에게 항복하고 만 이릉(李陵, ?~ 기원전 72)이었다.

소무는 항복하기를 거부하고 전쟁 포로로서 갖은 고초를 겪은 지 19년 만에, 무제의 사후 전한에서 온 사신이 흉노의 우두머리와 포로 석방 협상을 거듭한 끝에 가까스로 귀국할 수 있었다. 교섭 과정에서 흉노 측은 소무가 이미 죽었다고 우겨댔다. 하지만 전한의 사신은 황제가 사냥을 하고 있을 때 소무의 편지를 발에 묶은 기러기가 날아왔다며 그의 생존을 끝까지 주장했다. 그리하여 겨우 소무의 신병을 인도받을 수 있었던 것이다. 먼 곳에서 온 편지나 소식을 가리켜 기러기가 전해주는 소식이란 뜻의 '안서(雁書)'라고 부르는 것은 이 소무의 고사에서 기원했다.

반면 이릉은 항복한 자신을 비난하며 그의 아내와 자식을 처형한 무제의 처사에 절망하여 나머지 생애를 모두 흉노에 바치는 등 소무와는 완전히 대조적인 길을 걸었다. 『사기(史記)』의 저자 사마천(司馬遷, 기원전 145~86)은 칼이 부러지고 화살도 떨어져 어쩔 수 없이 흉노에 항복했던 이릉을 변호한 일로 무제의 역린(逆鱗)을 건드려, 성기를 절단하는 굴욕적인 궁형(宮刑)에 처해지고 말았다. 이때 사마천은 이렇게 자조했다.

"세상 사람들은 내가 궁형에 처해진 일 따위는 소 아홉 마리에서 터럭 하나가 없어진 정도로밖에 여기지 않을 것이다."

그리고 무제에 대한 처절한 원망의 염을 담아 마침내 위대한 역사서 『사기』를 완성했다. 사마천의 이 말에서 유래한 '구우일모(九牛一毛)'는 매우 많은 것들 중 극히 적은 수를 가리키는 표현으로 쓰이고 있다.

이 부인에게 푹 빠진 노년의 무제는 그녀의 무능한 오라버니 이광리를 중용하는 반면 유능하고 성실한 이릉과 사마천을 구우일모로 취급하는 등, 그때까지 쌓아올린 위대한 황제로서의 업적을 스스로 허물어뜨렸다. 이러한 무제의 쇠락을 계기로 그토록 번영을 누리던 전한 왕조도 몰락의 길을 걷기 시작했다.

전한 왕조의 멸망

무제가 실정을 거듭함에 따라 전한 왕조도 활력을 잃어갔다. 그나마 기원전 74년 제10대 황제에 오른 무제의 증손자 선제(宣帝, 재위 기원전 74~49)가 유능한 군주여서, 정치적 수완을 발휘해 기울어진 왕조를 잠시 동안 다시 일으켜 세울 수 있었다.

선제는 위 황후의 아들이자 무제의 후계자로 지목되었던 여태자(戾太子)의 손자이다. 위 황후는 거들떠보지도 않고 이 부인만 총애하던 무제는, 기원전 91년(정화征和 2년) 신변의 위험을 느껴 반란을 일으킨 위 황후와 여태자를 처형하고 친족을 비롯해 그들과 관계있는 사람들을 전부 살해했다. 그로부터 4년 후 무제가 죽자 권 부인(拳夫人)이 낳은 소제(昭帝, 재위 기원전 87~74)가 어린 나이로 그 뒤를 이었다. 소제가 짧은 생을 마친 뒤에 당시 조정의 거물이었던 곽광(霍光, 위 황후의 조카 곽거병의 이복동생)의 후원으로 선제가 즉위하게 되었다. 위 황후 및 여태자와 관계있는 사람들이 모두 무제에게 죽임을 당할 때, 다행히도 아직 젖먹이였던 선제만이 홀로 목숨을 건져 오랫동안 민간에서 살고 있었던 것이다.

선제는 백성들과 어울려 살며 갖은 고생을 겪어왔기 때문에 세상 물정에 밝은 훌륭한 황제가 될 수 있었다. 하지만 그가 죽고 제11대 원제(元帝, 재위 기원전 49~33), 제12대 성제(成帝, 재위 기원전 33~7) 등 연이어 무능한 황제가 뒤를 잇자, 황후의 일족인 외척(外戚)들이 제멋대로 권세를 휘둘러 전한은 급격하게 쇠퇴해갔다.

쇠락한 전한 왕조의 명맥을 완전히 끊어놓은 사람은 외척 중 하나인 왕망(王莽, 기원전 45~기원후 23)이었다. 이 왕망의 아버지는 원제의 황후와 이복형제지간이었다. 기원후 8년, 오랜 기간에 걸쳐 만반의 준비를 해오던 왕망은 전한 왕조를 멸망시키고 스스로 신(新)을 세워 황제가 되었다.

왕망은 원래 상당히 위선적인 복고주의자였기 때문에, 즉위하자마자 『주례(周禮)』와 『예기(禮記)』 등의 유교 경전에 부합하도록 행정 기구를 재편했다. 또한 새로운 화폐를 발행하고 소금, 철, 술을 전매품(국가가 독점 판매 권한을 가지고 있는 물품-역자 주)으로 지정하여 경제 기구의 개혁을 도모하기도 했다. "술은 백약 중에 으뜸이다(酒乃百藥之長)"라는 말은 왕망이 새로운 경제 정책을 널리 알리고 음주를 장려하기 위해 내건 공포문에서 보이는 표현이다. 재미있게도 이때부터 '백약지장(百藥之長)'은 술을 달리 이르는 표현으로 널리 쓰이게 되었다.

그러나 왕망의 새로운 정책들은 명목만 그럴듯할 뿐 현실을 무시한 탁상공론이었기 때문에, 어느 것이나 홍보만 요란하게 하다가 공연히 사회 혼란만 심화시켰다. 결국 왕망의 신나라는 '적미(赤眉)의 난'을 비롯한 민중 반란과 전한 왕조의 친척인 유씨 호족들이 일으킨 내란에 시달리다 겨우 15년 만에 멸망했다. 그리고 왕망 자신도 동란의

광무제(『역대고인상찬(歷代古人像贊)』)

소용돌이 속에서 비운의 생애를 마감했다.

광무제, 후한 왕조를 세우다

　왕망의 사후에도 얼마 동안은 민중과 호족들의 반란이 끊이지 않았다. 이 격렬한 주도권 쟁탈전에서 최후의 승리를 거둔 사람은 남양(南陽, 하남 성 남양 시)에 본거지를 둔 유씨 일족의 한 사람인 유수(劉秀, 기원전 6~기원후 57)였다. 유수는 25년 즉위, 전한의 명맥을 이어받아 낙양을 수도로 하는 후한(後漢, 25~220) 왕조를 세우고 초대 황제인 광무제(光武帝, 재위 25~57)가 되었다.

광무제와 관련한 고사성어는 여러 가지가 있는데, 그중에서도 다음 이야기는 특히 유명하다. 훗날 후한의 중신이 된 마원(馬援, 기원전 14~기원후 49)은 처음에는 왕망에게 반기를 든 군웅 가운데 한 사람인 외효(隗囂)를 섬기고 있었다. 농서(隴西, 감숙甘肅 성)를 본거지로 삼은 외효는 촉(蜀, 사천四川 성) 땅의 군웅 공손술(公孫述)과 손잡고 광무제에 대항하고자, 마원을 보내 그를 설득하도록 했다. 하지만 마원은 공손술의 거만한 태도를 보고 그와 함께 해서 좋을 것이 없겠다고 판단했다. 그리고 그 길로 돌아와 외효에게 이렇게 보고했다.

"공손술은 우물 안 개구리입니다. 상대하지 않는 편이 좋습니다."

그 결과 외효는 공손술과의 동맹을 단념하고 광무제와 우호 관계를 맺었다. 그런데 이 '우물 안 개구리' 곧 '정저지와(井底之蛙)'라는 말은 이보다 더 오래된 용례가 있다. 도가 사상의 시조인 장자가 쓴 『장자』 「추수편(秋水篇)」에 보이는 문장이다. 널리 사용되는 "우물 안 개구리 큰 바다를 모른다"는 오히려 이 『장자』에서 유래한다고 생각된다.

"우물 안 개구리에게 바다를 말해보았자 소용이 없다.

개구리는 자기가 살고 있는 우물 속에만 웅크리고 있기 때문이다."

정저지와는 견문이 좁고 세상 형편에 어두운 사람을 가리키는 말로 널리 사용되고 있다.

외효는 광무제와 우호 관계를 맺었지만, 결국 대립하여 반기를 들었다가 얼마 지나지 않아 병으로 죽었다. 34년(건무建武 10년), 외효의 아들 외순(隗純)이 항복함으로써 농서 지방은 광무제의 것이 되었다. 이때 광무제는 "사람은 만족할 줄 몰라 고통스럽다. 이제 농서를 평정하고 보니 또다시 촉을 바라게 되는구나(平隴復望蜀)"라고 속마음을 털어놓았다. 외효의 거점이었던 농서 지방을 얻은 것으로 만족하지 못하고 또 다른 대립 세력인 공손술의 촉 땅까지 손에 넣고 싶어 하는, 인간의 끝없는 욕망을 자조하는 말이다. 오늘날 만족할 줄 모르고 지나치게 욕심을 부린다는 의미로 쓰이는 '득롱망촉(得隴望蜀)'은 광무제의 이 말에서 유래한 것이다. 덧붙이자면 『삼국지』의 영웅 조조(曹操)도 다소 다른 의미에서 '망촉'이라는 말을 쓰고 있다. 그로부터 4년 뒤인 37년, 광무제는 자신의 바람대로 공손술을 멸망시켜 촉 땅까지 손에 넣음으로써, 중국 전역을 평정하고 어엿한 통일 제국의 황제가 되었다.

광무제의 성공을 예견하고 공손술의 쇠락을 간파하여 '정저지와'라는 명언을 남긴 마원은 후한 말의 난세를 살면서 변신을 거듭한 인물이다. 그는 어릴 적 제시(齊詩), 곧 제나라에 전해지던 『시경』의 해석을 배웠으나 만족할 수가 없어서, 변경에서 목축이나 농사를 해보기로 작정하고 형 마황(馬況)에게 이별을 고했다. 그러자 마황은 "너는 '대기만성(大器晩成)'할 것이다. 우선 원하는 대로 한번 해보거라"라고 격려해주었다. 대기만성이란 큰 그릇을 빚으려면 오랜 시간이 걸린다는 의미로, 크게 될 사람은 그 뜻이 늦게 이루어짐을 이르는 말이다.

그 후 마원은 지방 관리가 되었으나, 호송 중이던 죄수가 도망치는 바람에 북지(北地) 군(감숙 성)으로 도망가서 대규모 목축을 경영했다. 이후 마원은 왕망 말년에 한중(漢中, 섬서 성)의 태수(太守)로 임명되었다가, 왕망이 죽은 뒤에 외효의 휘하로 들어갔다. 이렇게 평생 동안 이리저리 떠돌던 그였지만, 최후에는 광무제를 만나 후한 왕조의 훌륭한 신하가 되었던 것이다.

마원은 문무(文武)를 두루 겸비하고 군대를 지휘하는 능력 또한 뛰어나서, 42년 복파장군(伏波將軍)이 되어 교지(交阯, 지금의 베트남)의 소수 민족 반란을 진압하고 이후로도 여러 전쟁에서 공을 세웠다. 늙어서도 여전히 혈기 왕성했던 마원은 48년, 62세의 몸으로 자원해 호남(湖南) 성의 소수 민족인 무릉만(武陵蠻) 토벌에 나섰다가 풍토병에 걸려 다음 해 사망했다. 마원이 완강하게 마지막 출전을 고집했을 때, 광무제는 "정정하시기도 하네, 이 어른!(矍鑠哉是翁也!)" 하고 웃으며 허락해주었다고 한다. 젊은 날 여러 우여곡절을 겪은 끝에 마침내 후한의 일등 공신이자 명장이 된 마원은 형의 예견대로 '대기만성'형 인간이었던 것이다.

후한 왕조는 마원의 분투 등에 힘입어 국내의 적대 세력과 반란을 진압하면서 정권 기반을 확실히 다질 수 있었다. 원래 내정을 중시했던 광무제는 이후에도 무리한 영토 확장을 꿈꾸지 않고 나라 살림을 충실히 하는 데 힘썼다. 수도 낙양에 '태학(太學)'을 세워 많은 학생들에게 유가 사상과 유학을 가르치는 한편, '효렴제(孝廉制)'라는 관리 등용 정책을 시행해 효성이 지극하거나 청렴결백하여 유교적 이상에 부합하는 우등생을 추천받아 관리로 임명했다. 이리하여 유교는 후한 시대를 통해 명실 공히 중국의 국교(國敎)로 자리매김하게 되었다.

서역에 생애를 건 반초

광무제의 소극적인 대외 정책은 북방 민족 흉노의 기를 살려주었다. 전한의 무제 시대에 그 밑으로 들어왔던 서역(西域)의 여러 나라 중 대다수는 왕망의 고압적인 방식에 반발하여 일단 흉노 편으로 붙기는 했지만, 이런저런 분규가 끊이지 않고 있었다. 광무제에 이어 후한의 제2대 황제가 된 명제(明帝, 재위 57~75) 시대, 흉노는 점점 더 세력을 키워 후한과의 국경 지대까지 바짝 공격해 들어왔다. 이렇게 되자 후한 왕조도 더 이상 흉노의 성장을 모른 체하고 넘어갈 수 없었다. 그래서 명제는 마지못해 서역에 원정군을 파견하기로 결단을 내렸다.

이 서역 원정에서 대활약을 펼쳤던 사람이 바토 반초(班超, 32~102)다. 반초는 학자 집안 출신으로서, 전한의 역사서 『한서(漢書)』를 지은 반고(班固, 32~92)의 아우이기도 하다. 누이동생인 반소(班昭, 조대고曺大家라고도 함. 45~117) 역시 학자이자 문장가로서, 반고가 죽은 뒤 『한서』의 미완성 부분을 마저 서술했다고 한다. 사마천의 『사기』가 신화와 전설 시대부터 전한의 무제까지 여러 시대를 망라해 기술한 '통사(通史)'인데 반하여, 『한서』는 전한이라는 한 시대의 역사만을 기록한 '단대사(斷代史)'로서 이후 정통 역사 서술의 기본이 되는 형식을 확립했다.

반초는 이렇게 유서 깊은 역사가 집안 출신이면서도, 나름대로 굳게 결심한 바가 있어 서역 원정군에 참가했다. 그는 후한과 흉노 사이에서 갈팡질팡하던 서역의 여러 나라를 돌아다니며 설득한 끝에 후한에 복속시키는 데 성공했다. 그 성공의 계기가 된 것은 73년(영평永平 16년) 서역 나라 중 하나인 선선국(鄯善國)에서 보여준 과감하고 공격적인 협상 방식이었다.

후한의 밑으로 들어올 것을 설득하기 위해 반초가 사신으로 선선국에 체류한 지 얼마 지나지 않아 흉노의 사신도 그곳에 도착했다. 그러자 선선국 왕은 흉노의 사신들을 신경 쓰느라 금세 반초 일행을 소홀히 대하기 시작했다. 여기가 바로 승부처라고 판단한 반초는 '불입호혈 부득호자(不入虎穴, 不得虎子)' 곧 "호랑이 굴에 들어가지 않으면 호랑이 새끼를 잡을 수 없다"는 말로 부하 36명의 용기를 북돋웠다. 그리고 100명이 넘는 흉노 사신들이 묵고 있던 숙소에 불을 질러 그 일행을 모조리 죽여버렸다. 이 일을 계기로 반초의 용맹스러운 이름이 서역 일대에 널리 퍼지게 되었다. 그리하여 반초는 마침내 서역 50여 개국을 후한에 귀속시키고 '서역도호(西域都護)'로서 그 나라들을 통솔하기에 이르렀다.

반초가 거둔 성공의 계기가 되었던 '호랑이 굴에 들어가지 않으면 호랑이 새끼를 잡을 수 없다'라는 말은, 그 후 위험을 무릅쓰지 않고는 큰 성공을 얻을 수 없다는 의미로 널리 쓰이고 있다.

서역에 머문 지 약 30년째 되던 102년(영원永元 14년), 반초는 노령을 이유로 낙양으로 돌아왔다가 한 달 만에 병으로 죽었다. 그때 그의 나이 71세, 진정 서역에 바친 한평생이었다 해도 과언이 아니다. 반초가 낙양으로 돌아가기 전 후임 서역도호인 임상(任尙)이 조언을 청하자, 그는 "물이 너무 맑으면 큰 물고기가 살 수 없다"라고 말해주었다. 지나치게 엄격하면서도 급한 임상의 성격을 잘 알고 있던 반초는, 사소한 문제에 일일이 구애되다 보면 큰일을 그르치

게 된다고 그를 점잖게 타일렀던 것이다. 이 '수청무대어
(水淸無大魚)', 혹은 "물이 너무 맑으면 물고기가 살지 않는
다"라는 뜻의 '수지청즉무어(水至淸則無魚)'는, 사람이 지나
치게 엄하거나 똑똑하면 다른 사람들이 가까이 하기 어려
움을 이르는 말로 쓰이고 있다.

그러나 임상은 반초의 애정 어린 충고를 귀담아듣지 않
아 결국 서역 여러 나라들에 외면당하고 말았다. 그 후 서
역에 대한 후한의 지배력은 점차 약화되어 반초의 오랜 노
력도 수포로 돌아갔다.

청렴결백의 사람, 양진

반초가 30년이라는 오랜 기간 동안 서역에 머무르는 사
이, 후한 왕조의 황제는 제2대 명제에서 제3대 장제(章帝,
재위 75~88)를 거쳐 제4대 화제(和帝, 재위 88~105)로 교체되었
다. 후한의 황제들은 이 화제 이후 모두 어릴 때 즉위했으
며, 맨 마지막 제14대 황제인 헌제(獻帝, 재위 189~220)를 제
외하고는 전부 젊은 나이에 죽었다. 그중에는 제5대 황제
상제(殤帝)처럼 생후 백일을 갓 넘겨 즉위하여 그 다음 해

에 사망한 극단적인 경우도 있었다.

이렇게 최고 권력자인 황제가 너무 어려 권력을 장악할 수 없게 되면 정국에 혼란이 생기는 것은 불 보듯 뻔한 일이다. 특히 후한 시대에는 광무제의 부인이자 명제의 생모인 음 황후(陰皇后) 이후 모든 황후가 후계자를 낳지 못했다. 그래서 황제가 죽으면 황후가 후계자를 뽑고 실권을 장악할 수 있었다. 역대 황후들은 대부분 후한 왕조 창설에 공로가 있는 사람의 일족이었기 때문에, 이때 실제로 권력을 장악하여 정국을 좌지우지했던 이들은 다름 아닌 황후의 아버지나 형제 곧 외척(外戚)들이었다. 외척이 마음대로 권력을 행사하기 위해서는 황제가 어린 편이 좋았기 때문에, 후한 시대를 통해 잇달아 어린 황제가 즉위하게 되었던 것이다.

하지만 상제 같은 극단적인 예를 제외하면 어려서 즉위한 황제도 어느새 성장을 한다. 그렇게 되면 점차 외척의 꼭두각시 노릇에 불만을 품고, 그들을 배제해 자신의 권력을 강화하고자 움직이기 마련이다. 이때 황제가 가장 의지하게 되는 사람이 바로 언제나 그림자처럼 자신을 따라다니며 보좌해주는 환관(宦官)들이다. 이런 식으로 환관 세력을 등에 업고 제4대 황제 화제는 외척 두씨(竇氏) 일족을, 제6대 황제 안제(安帝, 재위 106~125)는 외척 등씨(鄧氏) 일족을 몰아냈던 것이다. 이렇게 후한 시대에는 외척과 환관 세력의 주도권 쟁탈전이 계속되었다. 그러나 시간이 흐르면서 차츰 환관 세력이 강해져 갔다.

환관들은 대체로 음흉하고 탐욕스러웠지만, 개중에는 종이의 발명자로 알려진 채륜(蔡倫)같이 예외적으로 우수한 인물도 있었다. 105년(원흥元興 원년), 화제(和帝)의 중상시(中常侍, 고위직 환관)였던 채륜은 톱밥, 삼베 조각, 헌 헝겊, 그물 등의 폐기물을 재료로 종이를 만들어냈다. 당시 사람들은 그것을 '채후지(蔡候紙)'라 부르며 대단한 보물로 취급했다고 한다. 그때까지 사람들은 '죽간(竹簡)'과 '목간(木簡)'이라 불리는 대나무 조각이나 나무쪽, 혹은 '백서(帛書)'라는 삶은 흰 비단에 글자를 써왔다. 그러나 그것들은 무겁고 부피가 크거나, 값이 비싼 단점이 있었다. 종이는 이러한 모든 단점을 보완하고도 남았다. 하지만 채륜이 종이를 발명하자마자 문자 기록 수단이 단번에 종이로 바뀌었던 것은 아니다. 상당히 장기간에 걸쳐 기존에 써오던 죽간 등이 종이와 함께 사용되었을 것으로 보인다.

환관 중에서도 채륜 같은 걸출한 인물이 있었던 것과 마찬가지로, 외척들이 제멋대로 권세를 휘두르는 풍조 속에서도 절개와 지조를 굽히지 않은 강직한 신하도 있었다. 바로 제6대 안제 시대에 고위 관직을 역임했던 양진(楊震, ?~124)이다. 양진은 청렴결백하고 학식도 깊어 그의 출신지 이름을 따 '관서(關西, 함곡관函谷關 이서)의 공자(孔子)'로 칭송되었다. 그는 50세 때 처음으로 관직에 발을 들여놓았다.

양진이 동래(東萊, 산동 성) 군 태수로 부임하러 가던 도중 창읍(昌邑) 현의 숙소에 도착했을 때의 일이다. 일찍이 지방 관리로부터 우수한 무재(茂才, 관리 등용의 과목. 수재秀才)로 추천된 바 있고 당시에는 창읍 현 지사(知事)로 있던 왕밀(王密)이라는 자가 밤늦게 양진을 찾아왔다. 이런저런 세상 돌아가는 이야기를 하던 왕밀은 은밀히 금 열 근을 꺼내며 말했다.

"작은 정성이니 모쪼록 받아주십시오. 지금은 한밤중이라 아무도 이 일을 모르니 받아두어도 괜찮습니다."

물론 곧 태수가 될 양진에게 자신을 잘 봐주십사 하고 바치는 뇌물이었다. 그러나 양진은 왕밀의 제안을 딱 잘라 거절했다.

"하늘이 알고, 신(神)이 알고, 내가 알고, 그대가 아네. 어찌 아는 자가 없다 하는가?"

참으로 청렴결백의 화신이라 할 만한 인물이다. 이 양진의 말은 "신이 알고" 부분이 "땅이 알고"로 바뀌어, "하늘이 알고, 땅이 알고, 내가 알고, 그대가 안다" 곧 '천지 지지 아지 자지(天知, 地知, 我知, 子知)'의 형태로 후세에 전해졌다. 이는 하늘 아래 비밀이 없음을 뜻하는 말이다.

앞서 이야기했듯이 후한은 유교 윤리를 대단히 중시하는 사회여서, 그 반작용으로 위선적인 태도를 보이는 사람들도 많았다. 이렇게 보면 전체적으로 경직되고 재미없는 시대였던 듯도 하지만, 이 양진처럼 유교 윤리의 가장 우수한 부분을 몸소 보여준 근사한 인물도 분명 존재했다. 양진은 안제의 집권 말기에 외척들이 배척당하고 환관들이 위세를 떨치던 조정에서 내내 가차 없이 올곧은 소리를 하다, 결국 파면되어 자살로 생을 마감했다.

환관파와 청류파

 외척과 환관 세력의 계속되는 진흙탕 싸움으로 후한 왕조는 밑바닥에서부터 붕괴되기 시작했다. 2세기 중엽, 탐욕스러운 환관 및 그들과 결탁한 악덕 관료들이 실권을 장악하자 후한의 운명은 바람 앞의 등불처럼 흔들리게 되었고, 정국의 혼란은 더욱 깊어만 갔다. 그 와중에 닥치는 대로 뇌물을 받아 챙기던 환관파의 금권 정치에 반대하여 청류파(淸流派)로 불리는 지식인들이 대대적인 비판 운동을 전개했다. 그러나 청류파 지식인들은 166년(연희延熹 9년)과 169년(건령建寧 2년) 두 차례에 걸친 '당고의 금(黨錮之禁)'에 의해, 불법적인 파당을 조직했다며 많은 수가 투옥 또는 처형되는 등 환관파로부터 철저한 탄압을 당했다.

 온갖 탄압에 시달리며 환관파에 대항했던 후한 말의 청류파 명사 중에서도 진식(陳寔, 104~187)과 이응(李膺, 110~169)은 그 대표적인 존재다. 특히 진식은 고결한 인품으로 명성이 자자했던 인물이다. 진식이 대들보 위에 숨어 있던 도둑을 '양상군자(梁上君子)'라 정중히 칭하며 설교하자, 그 도둑마저도 죄를 뉘우쳤다는 유명한 일화도 있다. 이 고사에서 도둑을 가리키는 양상군자라는 표현이

나왔다.

한편 이응은 꼬장꼬장한 자세로 환관파에 대응해 높은 평가를 받았던 인물이다. 당시 이응의 저택 사랑채에 들어가는 것을 가리켜, 어려운 관문을 통과하여 출세의 문턱에 이른다는 뜻의 '등용문(登龍門)'이라 불렀다. '용문'은 원래 황하 상류의 하진(河津, 산서 성) 현 서북쪽에 있는 협곡으로, 황하의 줄기가 급류를 이루어 세차게 떨어지는 곳이다. 물고기가 이 폭포를 거슬러 뛰어오르면 용이 될 수 있다는 전설에서 이 등용문이라는 말이 나온 것이다.

'양상군자'를 감동시켰던 진식은 가까스로 환관파의 탄압을 벗어나 오래 살아남을 수 있었지만, '등용문'의 이응은 결국 처형되고 말았다. 이렇듯 환관파의 혹독한 박해를 당하면서도 끝까지 견뎌 살아남은 청류파와 그 자손들은 다가오는 삼국 시대에 큰 역할을 담당하게 된다.

제갈량(諸葛亮)
(『역대고인상찬(歷代古人像贊)』)

제4장
「파죽의 기세」
──영웅과 호걸의 시대

1 삼국분립

화북의 패자, 조조

 2세기 중엽부터 후한 왕조에서는 환관(宦官)과 악덕 관료들이 결탁하여 모든 권력을 틀어쥐고 비판 세력인 청류파 지식인들을 탄압했다. 그 결과 사회 불안이 격화되고 각지에서 반란의 움직임이 구체화되었다. 184년(중평中平 원년)에는 도교(道敎) 계통 신흥 종교인 태평도(太平道)의 창시자 장각(張角)이 수십만 신도를 이끌고 후한 왕조에 반기를 들어 중국 전역을 혼란에 빠뜨렸다. 태평도 신도들은 같은 편끼리 공격하는 불상사를 막기 위해 '황건(黃巾)' 즉 누런 두건을 머리에 둘러 서로를 식별했다. 그 때문에 이 반란은 '황건의 난'으로 불린다.

 이때 후한 왕조는 의용군을 모집하여 간신히 황건의 난을 진압할 수 있었다. 그러나 그것도 잠시, 189년 흉포한 장수 동탁(董卓)이 궁정의 혼란을 틈타 수도 낙양(洛陽)을 제압하고 실권을 장악하여 공포 정치를 단행했다. 이 '동탁의 난'으로 후한 왕조는 실질적으로 멸망한 것과 다름없었다.

192년(초평初平 3년) 동탁이 양자로 들였던 용맹한 장수 여포(呂布)에게 살해당함으로써 동탁의 난은 막을 내렸지만, 이후 전국 각지에 근거를 둔 군웅들 사이에 주도권 쟁탈전이 벌어져 무력 충돌이 거듭되었다. 서로 물고 물리는 치열한 전투 끝에 마침내 정치문화의 중심지인 화북(華北, 황하 중·하류 지역 일대) 지방을 제패한 사람이 조조(曹操, 155~220)였다.

조조의 아버지는 환관의 양자였지만, 조조는 젊은 시절부터 반환관파인 청류파 지식인들로부터 난세에 적합한 인재로 주목받아왔다. 청류파 지식인으로 인물을 알아보는 안목이 높기로 정평이 나 있던 허소(許劭)에게서 "치세지능신 난세지간웅(治世之能臣, 亂世之奸雄)"이라는 평가를 받기도 했다. 평온한 시대라면 유능한 신하가 되겠지만, 어지러운 시대에는 교활한 영웅이 될 것이라는 뜻이다. 허소의 평가를 들은 조조는 "내 뜻을 아는군!" 하며 껄껄 웃었다고 한다. 허소의 예측대로 조조는 권모술수를 동원하여 후한 말의 난세에 두각을 드러냈고, 200년(건안建安 5년) 관도(官渡) 전투에서 맞수인 원소(袁紹)를 격파해 결국 화북의 패자로 등극했다.

하지만 조조가 혼자만의 힘으로 화북의 패자가 되었던 것은 아니다. 그는 휘하에 문무 양면에 걸쳐 뛰어난 재능을 가진 신하들을 많이 거느리고 있었다. 그중에서도 청류파의 희망으로 손꼽히던 순욱(荀彧)은 제 발로 조조를 찾아와 군사(軍師)가 되기를 자청했다. 이 일을 계기로 우수한 청류파 지식인들이 조조의 밑으로 속속 모여들었다. 그로서는 매우 큰 행운이었다. 순욱을 비롯한 청류파 지식인들은 군사와 행정 양면에서 시대의 큰 흐름을 읽어내며 차근차근 전략을 제시했고, 조조도 그들의 의견을 흔쾌히 받아들였다. 그 결과 조조의 정권 기반은 더욱 확고해졌다. 관도 전투에서 원소와 실력을 겨루기 전인 196년(건안 원년), 조조는 후한의 마지막 황제인 헌제를 맞아들여 그의 후견인이 됨으로써 이미 정치적으로 원소를 제치고 우위에 올라섰다. 이 전략 또한 순욱 등의 제안에 따른 것이었다.

유비의 전변

조조가 화북을 지배하던 당시 유비(劉備, 161~223)는 근거지를 잃은 상태였다. 진위 여부는 알 수 없지만 유비는 전한 왕조의 일족이었다고 한다. 유비는 황건의 난이 일어나자 용감무쌍한 관우(關羽)와 장비(張飛)를 데리고 황건적 토벌에 가담했고, 점차 군웅 중 한 명으로 이름을 날리게 되었다. 나관중(羅貫中)이 쓴 역사 소설 『삼국지연의(三國志演義)』 제1회에는 유비가 고향 탁(涿, 하북 성) 현의 복숭아밭에서 관우, 장비와 의형제를 맺는 장면이 등장한다. 이것이 바로 그 유명한 '도원결의(桃園結義)'다. 이 말은 훗날 의형제를 맺을 때 흔히 인용하는 표현이 되었다.

이후 유비는 서주(徐州, 산동 성에서 강소 성에 걸친 지역)의 지배권을 획득했지만, 얼마 가지 못해 동탁의 양자 여포에게 빼앗기고 조조 밑으로 도망쳐 들어가는 딱한 처지가 되었다. 유비는 기회를 엿보다 조조에게 대항했지만, 형편없이 당한 뒤 다시 조조의 맞수인 원소 밑으로 몸을 피했다. 이렇게 화북의 실력자 사이를 전전하던 유비는, 조조가 화북의 패권을 차지하자 이러지도 저러지도 못한 채 201년 다시 관우와 장비를 데리고 형주(荊州, 호북湖北 성)의 지배자인 유표(劉表)에게 몸을 의탁하게 되었던 것이다.

유비 일행이 형주에서 식객 생활을 하며 조용히 때를 기다린 지도 어느덧 몇 해가 흘렀다. 그러던 어느 날 유비는 살이 오른 자신의 넓적다리를 보고 눈물을 흘리며 비탄에 잠겼다. 전장을 누빌 때는 언제나 말안장 위에 있었기 때문에 넓적다리에 살이 오를 새가 없었지만, 수년 동안 전쟁터와는 담을 쌓고 지내다 보니 어느새 살이 붙어 있었다. 유비는 이뤄놓은 일 하나 없이 나이만 먹어가는 신세가 한탄스러워 눈물을 흘렸던 것이다. 이것이 바로 '비육지탄(髀肉之嘆)'이다. 유비의 이야기에서 유래한 '비육지탄'은 실력을 발휘할 기회조차 얻지 못하고 세월만 보내는 처지를 탄식하는 관용어가 되었다.

추락하기만 하던 유비의 운명이 상승 곡선을 타기 시작하는 계기가 된 사건은 207년(건안 12년) 제갈량(諸葛亮, 181~234. 자는 공명孔明)과의 만남이었다. 형주에서 은거하고 있던 제갈량의 자자한 명성을 들은 유비는 그를 군사(軍師)로 모시기 위해 몸소 그의 초가집을 찾아갔다. 그리고 세 번에 걸친 방문 끝에 겨우 제갈량을 만나볼 수 있었다. '삼고지례(三顧之禮)'라고도 하는 이른바 '삼고초려(三顧草廬)'다. 그

삼고초려(『제감도설(帝鑑圖說)』)

진실한 마음과 정성에 감격한 제갈량은 유비의 요청을 받아들여 그의 군사가 되었다. 이후 제갈량은 유비를 위해 온 힘을 쏟아 역사에 길이 남을 계책들을 구상해냈다.

처음에는 유비가 지나치게 제갈량을 특별 대우하자 의형제인 관우와 장비가 불편한 심기를 드러내기도 했다. 하지만 유비가 "나에게 제갈량이 필요한 것은 물고기에게 물이 필요한 것과 같다. 두 번 다시 불평하지 말았으면 한다"라며 양해를 구하자, 두 사람도 더는 불평하지 않았다. 아주 친밀하고 끈끈한 친구 사이를 가리켜 물과 물고기의 관계, 곧 '수어지교(水魚之交)'라 부르는 것은 이 유비의 말에서 유래한 것이다.

둘도 없는 군사 제갈량을 얻어 비약의 발판을 마련한 것도 잠시, 유비는 곧바로 절체절명의 위기에 맞닥뜨렸다. 208년, 화북의 패자로 만족하지 못한 조조가 천하를 통일하고자 대군을 이끌고 남하하여 형주를 공격하기 시작했던 것이다. 하필이면 그와 때를 같이 해 형주의 지배자 유표가 죽고, 그 뒤를 이은 아들 유종(劉琮)은 조조의 대대적인 공격 앞에 지레 겁을 먹고 즉시 항복해버리고 말았다. 유비와 신하들은 조조의 공격을 피해 필사적으로 도망쳤지만, 추격해온 조조의 정예 군사들과 당양(當陽, 호북 성 형문荊門 시 서남)의 장판(長坂) 지역에서 격전을 치러야 했다. 이 전투에서 유비 일행은 가까스로 포위망을 뚫고 탈출에 성공했다.

조조의 거센 추격으로 궁지에 몰린 유비에게 남은 길은, 아버지 손견(孫堅)과 형 손책(孫策)의 기반을 이어받아 강동(江東, 장강 하류 지역)을 지배하던 손권(孫權, 182~252)과 손잡고 조조에 대항하는 것뿐이었다. 이때 유비와 신하들은 다행히도 형주를 시찰하러 온 손권의 참모 노숙(魯肅, 172~217)과 마주쳤다. 유비 일행이 노숙과 신중하게 논의한 결과, 제갈량이 그와 함께 강동으로 가서 손권을 설득하는 임무를 맡게 되었다. 손권의 신하 중 문관들은 조조와 전쟁을 치르는 일에 난색을 표했다. 그러나 손권의 군사(軍師) 주유(周瑜, 175~210)와 노숙이 지지한 주전론(主戰論)이 결국 승리를 거둬, 마침내 손권은 유비와 손잡고 조조와 싸울 것을 결의했다.

손권이 조조와 전쟁을 하기로 결정하는 데 지대한 영향을 미친 주유는 손권의 죽은 형인 손책의 친구로서, 손권 정권의 제일인자였다. 주유는 명석한 두뇌를 가진 군사 지략의 천재였을 뿐만 아니라 음악적 감각도 탁월했다. 술자리에서 연주 중에 틀린 부분이 있으면 반드시 연주자 쪽을 돌아보곤 해서 "연주가 틀리면 주유가 뒤돌아본다(曲

有誤, 周郞顧)"는 말이 있을 정도였다. 주유는 모든 일에 호탕함이 넘치는 인물이었다.

적벽 대전

208년(건안 13년) 12월, 조조는 80만 대군을 이끌고 적벽(赤壁, 호북 성 가어嘉魚 현)에 진을 쳤다. 한편 유비와 동맹을 맺고 결전에 나선 손권은 주유와 정보(程普)에게 각각 군사 1만 명을 이끌고 조조의 대군과 맞서도록 했다. 80만 대 2만. 상식적으로 보면 조조가 승리할 게 뻔한 싸움이었다.

오랜 염원이었던 천하 통일을 눈앞에 두고 감정이 한껏 고조된 조조는 주유와의 결전을 앞둔 어느 날 밤, 장강에 배를 띄우고 주연을 베풀었다. 마음껏 술을 마시고 잔뜩 취해 기분이 최고조에 달한 조조는 즉석에서 「단가행(短歌行)」이라는 시를 지어 관현악 반주에 맞춰 노래하게 했다. 이것이 후세에 북송의 대시인 소식이 "(조조는) 창을 비껴 놓고 시를 지었으니(橫槊賦詩), 진정 세기의 영웅이었다"고 칭송한 바로 그 장면이다.

하지만 결국 조조의 천하 통일을 향한 꿈은 덧없이 깨지고 말았다. '적벽 대전'에서 그의 80만 대군은 주유와 정보가 이끄는 2만 군사의 맹렬한 화공(火攻)으로 거의 전멸하고 말았던 것이다. 조조는 겨우 목숨을 건진 부하들을 데리고 허둥지둥 화북으로 철수할 수밖에 없었다.

하지만 이렇게 뼈아픈 대패(大敗)를 당하기는 했어도 화북 지방에 대한 조조의 지배력은 끄떡도 하지 않았다. 조조는 적벽 대전 뒤에도 천하 통일을 향한 야욕을 버리지 못하고 호시탐탐 강남 제패를 노렸지만, 두 번 다시 장강을 건널 수는 없었다. 이를 보면 손권과 유비가 손잡고 조조를 격퇴한 '적벽 대전'이 두 세력 간의 판도 변화에 얼마나 중요한 전투였는지 짐작할 수 있을 것이다.

삼국 분립 태세가 굳어지다

한편 '적벽 대전'의 승리로 조조라는 공통의 적이 사라진 손권과 유비는 곧 형주의 소유권을 둘러싸고 치열한 싸움을 벌였다. 이 과정에서 우열을 가리기 힘든 유비의 군사 제갈량과 손권의 군사 주유가 벌이는 불꽃 튀는 두뇌 싸움도 함께 시작되었다. 하지만 210년(건안 15년) 주유가

36세의 젊은 나이로 급작스레 죽는 바람에, 이 쟁탈전도 유비가 손권에게서 형주를 차용하는 형식으로 타협이 이루어져 일단락되었다. 유비와 제갈량에게 호의적이었던 노숙이 주유의 후임으로 오(吳)나라 손권 정권의 군사 책임자가 된 것도 유비로서는 큰 행운이었다.

유비에게 자립할 수 있는 거점인 형주를 안겨준 제갈량은 이어서 자신의 지론인 '천하를 셋으로 나누는 계획' 곧 '천하삼분지계(天下三分之計)'를 실현하고자 했다. 제갈량은 유비에게 먼저 촉(蜀) 땅을 치라고 건의하여, 214년(건안 19년) 마침내 촉 전체를 제압하는 데 성공했다. 이리하여 유비와 제갈량을 비롯한 주요 신하들이 모두 지리적 형세가 견고한 촉으로 이주한 뒤, 유비의 의형제 관우 혼자 형주에 남아 총사령관 역할을 맡게 되었다. 따라서 실질적으로는 이 시점에 이미 화북을 지배하는 조조의 위(魏), 강동을 지배하는 손권의 오, 그리고 촉을 지배하는 유비 이렇게 삼국 분립의 형국이 굳어졌다고 하겠다.

유비의 절정기는 214년 촉을 제압한 때부터 219년(건안 24년) 5월 촉에 인접한 한중(漢中, 섬서 성 남서부)으로 쳐들어온 조조를 격퇴할 때까지 이어졌다. 한중에서 철수할 즈

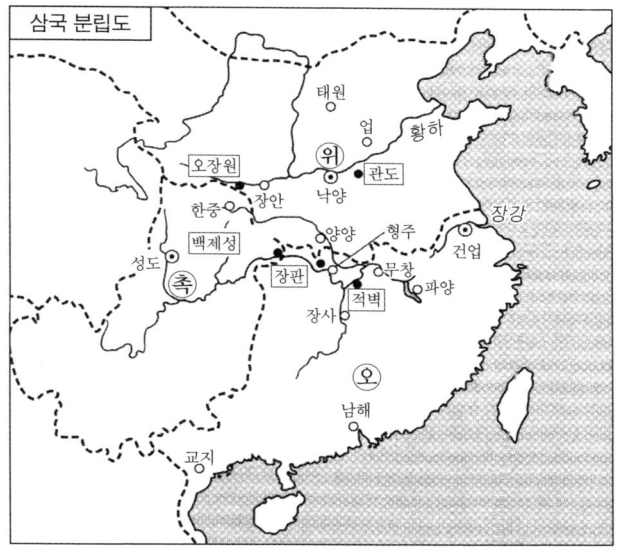

음, 조조는 그곳을 '계륵(鷄肋)'에 비유했다. 계륵, 곧 닭 갈비뼈는 버리기는 아깝지만 막상 먹으려면 살점이 없다. 계륵과 마찬가지로 한중 또한 무리해서 차지할 만한 가치는 없다는 뜻이다. 한중에서 철수하며 조조는 "이미 농서(隴西)를 얻고서 또 촉을 바랐구나"라는 말을 남겼다고 한다. 다만 이것은 소설 『삼국지연의』 제67회에 나오는 이야기다. '득롱망촉'이라는 성어는 3장에서 후한의 광무제가 했던 말로 이미 소개한 바 있다. 조조는 이 광무제의 말을 인용해, 농서 지방을 얻고서 또 촉 지방까지 바란 것은 아무래도 지나친 욕심이었다며 원의와 다소 다르게 자신을 경계하는 의미로 사용했던 것이다.

어쨌든 조조가 볼 때 한중은 계륵에 불과했을지 모르지만, 유비에게는 이후에도 대단히 중요한 군사 거점이 되었다. 훗날 제갈량이 여러 차례에 걸쳐 북벌을 감행할 때마다 한중을 군사 근거지로 삼아 출병했기 때문이다.

제1세대의 퇴장

한중에서 조조를 물리친 무렵까지 인생의 황금기를 맞이했던 유비는 이후 계속 내리막길을 걸었다. 무엇보다도 유비에게 가장 큰 타격을 안긴 사건은 219년 말 닥친 의형제 관우의 죽음이었다. 형주에 잔류해 있던 관우는 북쪽으로 올라와 번(樊, 호북 성 양번襄樊 시)에 주둔한 조조의 부하 조인(曹仁)과 전투를 벌였다. 그러던 중 유비와의 동맹을 파기하고 조조와 손잡은 손권의 공격으로 관우가 목숨을 잃었던 것이다.

관우를 공격한, 손권의 군사 책임자는 주유와 노숙의 후임인 여몽(呂蒙, 179~219)이었다. 여몽은 군사적 감각은 탁월했지만 젊은 시절 공부하기를 싫어해서 오(吳) 지방의 멍청이라는 뜻의 '오하아몽(吳下阿蒙)'이라 불릴 정도였다. 오하아몽은 이후 세월이 흘러도 배움에 아무 진보가 없이 그대로인 사람을 일컫는 말로 쓰이게 되었다. 하지만 여몽은 이 오하아몽의 불명예에서 벗어나기 위해 마음을 굳게 먹고 학문에 힘써, 이후 문무를 두루 갖춘 명장이 되었다.

여몽은 주도면밀한 계획으로 관우를 방심하게 만든 뒤, 그의 거점인 형주의 남군(南郡)과 공안(公安)을 함락했다. 그런 다음 조조의 군대와 손잡고 관우를 공격했던 것이다. 궁지에 몰린 관우는 결국 손권의 군대에 잡혀 살해당하고 말았다. 관우가 죽고 얼마 지나지 않아 원래 병약했던 여몽도 건강이 악화되어 세상을 떠났다. 『삼국지연의』 제77회에는 이 여몽이 관우의 원혼에 시달리다 죽은 것으로 그려지고 있다.

여몽뿐만 아니라 조조 또한 관우가 죽은 다음 달인 220년 1월에 숨을 거두었다. 조조의 장남 조비(曹丕)는 아버지의 죽음 이후 겨우 9개월이 지난 같은 해 10월 즉 황초(黃

初) 원년, 후한 왕조의 헌제에게서 명목상 제위를 선양(禪讓)받아 문제(文帝)로 즉위하여 위(魏) 왕조를 세웠다. 이에 뒤질세라 그 다음 해에 유비가 즉위하여 촉(蜀) 왕조를 세웠고, 손권은 한참 뒤인 8년 후에 즉위하여 오(吳) 왕조를 창건했다.

유비는 그토록 바라던 황제가 되었지만, 관우의 죽음으로 인한 충격 때문에 마음이 울적하고 뭘 해도 즐겁지가 않았다. 그리하여 유비는 중신들의 반대를 무릅쓰고 의형제 관우의 복수를 다짐하며 오나라로 쳐들어갔다. 하지만 여몽의 후임으로 군사 책임자가 된 육손(陸遜, 183~245)의 계략에 말려들어 이릉(夷陵) 전투에서 처참한 패배를 맛보고 목숨만 간신히 건져 백제성(白帝城, 사천 성 봉절奉節 현)으로 도망쳤다. 그대로 재기 불능 상태에 빠지고 만 유비는 223년 어리석은 장남 유선(劉禪)을 제갈량에게 부탁하고 숨을 거두었다.

이렇게 제1세대가 잇달아 세상을 떠난 뒤 위촉오 삼국지의 세계는 제갈량의 독무대가 되었다.

제갈량의 북벌

제갈량은 유비의 신뢰에 보답하기 위해 군주의 자질이 너무나 부족하던 후주(後主) 즉 유선을 보좌하며 227년(태화太和 원년)부터 234년(청룡靑龍 2년)까지 7년간 총 다섯 차례(여섯 차례로 볼 수도 있다)에 걸쳐 북벌(北伐)을 감행, 초강대국 위나라에 대한 도전을 계속했다.

여러 차례의 원정 중에서도 위나라를 가장 위협했던 것은 제1차 북벌이었다. 그러나 제갈량이 아끼던 제자 마속(馬謖)이 작전 수행 도중 치명적인 실수를 저지르는 바람에 부득이 퇴각할 수밖에 없었다. 규율을 매우 중시했던 제갈량은 '신상필벌(信賞必罰)', 곧 공로가 있는 사람에게는 반드시 상을 주고 죄가 있는 사람은 반드시 처벌한다는 원칙을 고수하고 있었다. 원래 이 말은 『한서』의 「예문지(藝文志)」에 나오는 표현이지만, 제갈량의 기본적인 자세를 나타내는 말로 자주 인용된다. 제갈량은 이 신상필벌의 원칙에 따라 마음을 독하게 먹고 마속을 처형했다. 울면서 마속의 목을 벤다는 뜻인 '읍참마속(泣斬馬謖)'은 이렇게 해서 나오게 된 것이다. 오늘날에는 큰일을 하기 위해 자기가 아끼던 사람을 눈물을 머금고 버리는 경우를 가리켜 읍참마속이라고 한다.

  그러나 이후에도 제갈량은 위나라 장군 사마의(司馬懿, 179~251. 자는 중달仲達)에게 번번이 저지당해 좀처럼 바라던 북벌의 성과를 거두지 못했다. 그러다 234년 가을 바람 쓸쓸한 오장원(五丈原)의 진영 안에서 병으로 죽고 말았다. 촉나라 군대가 제갈량의 유언대로 그의 죽음을 비밀에 부친 채 퇴각하자, 그 대단했던 사마의도 제갈량이 살아 있는 것으로 굳게 믿고 겁을 내며 군대를 철수시키는 실태를 연출했다. 이를 가리켜 "죽은 공명이 산 중달을 도망치게 했다" 곧 '사공명 주생중달(死孔明, 走生仲達)'이라 한다. 이 성어의 원전은 『한진춘추(漢晉春秋)』로, 진(晉)나라 학자 진수(陳壽)가 쓴 『삼국지』 「제갈량전」에 배송지(裵松之)가 단 주석에 인용되어 있다. 이 표현은 후에 죽은 뒤에도 적이 두려워할 정도로 뛰어난 장수, 혹은 죽은 적을 두려워할 정도의 겁쟁이를 이르는 말로 쓰이게 되었다.

사마씨와 죽림칠현

제갈량의 죽음과 함께 삼국 시대 영웅들의 화려한 드라마도 막을 내렸다. 그 뒤 초강대국 위나라에서는 제갈량의 맞수였던 사마의가 실권을 장악했다. 사마의의 장남 사마사(司馬師, 208~255)를 거쳐 차남 사마소(司馬昭, 211~265) 대에 이르면 "사마소의 마음은 길 가는 사람도 안다"고 할 정도로, 그의 위 왕조 찬탈에 대한 야심을 모르는 이가 없었다. 그야말로 사마씨의 왕권 찬탈은 시간 문제였던 것이다. 여기서 비롯된 '사마소지심(司馬昭之心)'이란 말은 훗날 권력을 차지하려는 야심 자체를 가리키거나, 혹은 그런 야심을 공공연히 드러내 보인다는 뜻으로 쓰이게 되었다.

세 명의 사마씨들은 주도면밀하게 적대 세력을 제거하며 위 왕조 찬탈 계획을 착착 추진해갔다. 이런 피비린내 나는 왕조 교체기에, 교활한 정치 공작으로부터 몸을 피해 자신만의 방식으로 삶을 추구했던 한 무리의 사람들이 있었다. '죽림칠현(竹林七賢)'이라 불리는 이들은 완적(阮籍, 210~263), 혜강(嵇康, 224~263), 산도(山濤, 205~283), 유령(劉伶, 생몰년 미상), 완함(阮咸, 미상), 상수(向秀, 미상), 왕융(王戎,

234~305)의 7명이었다. 죽림칠현은 노장 사상의 무위자연을 신조로 삼고 세상사의 구속에 얽매이지 않는 자유로운 삶을 추구하며 은둔해 살아갔다. 대숲에 모여 함께 술을 마시며 시간 가는 것도 잊은 채 '청담(淸談)'과 음악에 묻혀 살았던 것이다. 혜강은 거문고, 완함은 비파(琵琶)의 명수였다. 맑은 이야기라는 뜻의 청담은 당시 사교계에서 유행하던 철학적인 담론을 이르는 말이다. 이 칠현에 얽힌 일화는 일일이 열거할 수 없을 정도로 많다. 그 대부분은 유송(劉宋, 남조의 송나라)의 유의경(劉義慶)이 편찬한, 위(魏)·진(晉) 시대 명사들의 일화 모음집 『세설신어(世說新語)』에 수록되어 있다.

하지만 속세를 떠난 칠현의 풍류도 그리 오래 지속되지는 못했다. 사마씨의 압박이 나날이 커지는 상황에서 각자 어떤 식으로든 대응하지 않을 수 없었기 때문이다. 그리하여 각자의 대응에 따라, 이후 칠현이 살아간 방식을 크게 세 유형으로 나눌 수 있다.

첫 번째 유형에 속하는 사람은 사마씨에 계속 비타협적인 태도를 취하다가 결국 처형된 혜강이다. 혜강은 완적과 더불어 뛰어난 시인이자 철학자로서, 훤칠한 키에 얼굴도 말쑥해서 세속을 초월한 듯한 풍모를 지닌 인물이었다. 그 때문에 위나라 말기 온 나라에 명성이 자자했다. 그러나 혜강의 아내가 조조의 증손으로 위 왕조와 관계가 깊었던 까닭에, 사마씨는 혜강의 존재에 신경을 바짝 곤두세우고 있었다. 혜강 또한 다른 칠현들이 사마씨 밑으로 들어가 관리가 된 뒤에도 사마씨와 연관되는 것을 거부하며 계속 은둔했다. 혜강은 사마씨가 파놓은 함정에 빠지지 않으려고 세심한 주의를 기울였지만, 타고난 과격한 성질을 이기지 못하고 사마씨와 충돌해 263년(경원景元 4년) 친구의 사건에 연루되어 처형당하고 말았다.

처형이라는 비극적인 결말을 맞이한 혜강과 달리, 칠현 중 두 번째 유형에 속하는 완적과 그의 조카 완함, 그리고 유령 세 사람은 형식상으로는 사마씨 밑에서 관료가 되었다. 하지만 술을 진탕 퍼마시기도 하고 기행을 일삼기도 함으로써, 자신들이 아무런 쓸모도 없는 사람임을 과시하여 무사히 생명을 보전했다.

특히 칠현의 어른 격이었던 완적은 확고한 노장 사상의 실천자로서 유별난 행동을 많이 했던 인물이다. 예컨대 완적은 평상시의 눈인 청안(靑眼)과 동자 없이 흰자위로만

죽림칠현의 한 사람, 혜강
(『열선전전(列仙全傳)』)

흘겨보는 백안(白眼)을 자유자재로 쓸 수 있어서, 초속적인 사람을 대할 때는 청안으로 보고 속물적인 사람을 대할 때는 백안으로 보았다고 한다. 냉담한 시선으로 사람을 대하는 것을 '백안시(白眼視)하다'라고 말하는 것은 여기서 유래했다. 이외에도 완적은 사마씨가 장려한 형식적인 복상(服喪, 상중에 상복을 입는 것-역자 주) 규정에 고의로 반항하는 등, 위태위태한 태도로 사마씨의 정책에 이의를 제기했다.

그런데 어떻게 완적은 혜강과 달리 사마씨의 촘촘한 법망을 빠져나와 목숨을 온전히 할 수 있었을까? 먼저 사마씨의 우두머리인 사마소가 완적에게 깊은 친애의 정을 품고 있었던 점을 꼽을 수 있다. 두 번째로는 완적이 항상 술에 취한 척 가면을 쓰고 있었다는 사실을 들 수 있다. 곧 완적은 상황이 자신에게 불리하게 돌아간다 싶으면 곤죽이 되도록 술에 취해 전후 사정을 전혀 모르는 것처럼 행동했던 것이다. 완적의 취한 척하는 연기는 대단한 경지에 올라서, 사마소가 결혼 얘기를 꺼냈을 때는 내리 60일 동안 취해 곯아떨어져 있었다고 한다. 그 바람에 세상에 거칠 것이 없던 사마소도 말 한마디 꺼내지 못하고 마침내 단념하고 말았다.

사실 완적은 단순히 연기로만 취한 척했던 것이 아니라 확실한 구제불능 술고래였다. 『세설신어』 「임탄편(任誕篇)」에는 그의 말술 버릇에 대해 "완적은 가슴 속에 쌓인 덩어리가 있어서(阮籍胸中壘塊) 술로 그것을 씻었다"는 구절이 실려 있다. 완적의 마음 깊숙한 곳에 위나라 말기 암울한 시대 상황에 대한 위화감, 분노, 절망 등이 응어리처럼 뭉쳐져 있었다는 이 논평은 참으로 핵심을 찌르는 표현이라

하겠다.

반면 똑같이 사마씨 밑에서 관직을 지냈더라도, 유령에게는 가슴에 한이 맺혔던 완적과 같은 심각함이 없었다. 자그마하고 빈약한 체구였던 유령은 '토목형해(土木形骸)' 하고서, 곧 머리는 산발을 하고 옷은 아무것이나 걸쳐 겉모습을 흙덩이나 나무토막처럼 하고서 늘 기분 좋게 술에 취해 세월을 보냈다.

칠현의 세 번째 유형에 속하는 세 사람 곧 산도, 왕융, 상수는 말하자면 전향파였다. 특히 산도와 왕융은 적극적으로 사마씨 정권에 참여해, 사마씨의 서진 왕조가 창건된 뒤에 중신이 되었다. 비록 그렇더라도 그들 역시 최후까지 '죽림칠현'의 정신을 잃지는 않았다. 이를테면 산도는 혜강이 처형당한 후 그 유족들을 남몰래 지켜보면서 아들 혜소(嵇紹)가 벼슬을 할 수 있도록 이끌어주는 등, 맹세를 함께 했던 친구에 대한 깊은 애정을 늘 품고 있었다.

한편 왕융은 원래 명문 귀족인 '낭야(琅邪)의 왕씨' 일족으로서 젊은 시절부터 칠현 중에서도 유난히 세속적인 인물이었다. 서진(西晉) 왕조가 창건된 뒤 왕융은 정권의 핵심 중신이 되었다. 하지만 그는 서진이 급격히 퇴폐하여 회복될 전망이 없다고 판단하자 돈벌이에만 정신이 팔린 수전노 같은 모습을 보여 정치에서 손을 뗌으로써, 멸망해 가는 서진 왕조와 운명을 같이하길 거부했다. 왕융이 살아갔던 방식은 기회주의적이고 속물스러운 것이었지만, 그 밑바닥에는 역시 부정한 권력과의 동화를 거부하는 칠현의 정신이 깔려 있었던 것이다.

이야기가 조금 앞서 나갔다. '죽림칠현'의 저항 따윈 아랑곳하지 않고 혜강 같은 완강한 반대 세력을 철저하게 짓밟았던 사마소의 아들 사마염(司馬炎, 236~290)은 263년 촉나라를 멸망시켰고, 265년(태시泰始 원년) 사마소가 죽은 얼마 후 마침내 위나라마저 멸망시키고 즉위하여 무제(武帝, 재위 265~290)가 되었다. 서진(西晉) 왕조의 탄생이었다. 사마의 이래로 삼대, 네 사람에 걸쳐 온갖 계략을 동원했던 위 왕조 찬탈극이 마침내 완결된 것이다. 그리고 280년(태강太康 원년) 사마씨의 서진은 오나라를 멸망시킴으로써 중국 전역을 통일하기에 이르렀다. 역사에 길이 남을 영웅들이 활약했던 위촉오 삼국 시대는 이렇게 완전히 막을 내렸다.

2 여러 왕조의 흥망

서진의 천하 통일

서진 왕조가 성립한 후 오나라를 멸망시키고 중국 전역을 통일하기까지 15년이 걸렸다. 이렇게 오랜 시간이 소요된 이유는 서진 정권의 중신들 사이에 전쟁을 꺼리고 계속해서 태평한 세월을 누리려는 분위기가 만연해 있었기 때문이다.

앞서 서술했듯이, 후한 말의 난세에 순욱을 비롯한 많은 청류파 지식인들이 조조 밑으로 모여들어 그의 정치적 기반을 공고히 다지는 데 결정적인 역할을 했다. 조조 정권의 지도부로 활약했던 청류파 지식인의 자손들은 훗날 귀족화해서, 조씨의 위나라에서 사마씨의 서진으로 왕조가 교체되었지만 그대로 정권의 중추를 이루고 있었다. 이처럼 왕조의 주인은 바뀌어도 정권의 중심을 장악한 세습 귀족의 권력은 요지부동인 현상은 이후 육조(六朝) 시대를 통해 변함이 없었다.

그런 까닭에 위나라에 이어 서진 왕조에서도 권력의 중추에 있던 귀족들은 굳이 나서서 자기 손을 더럽히는 것을 좋아하지 않았던 것이다. 그들은 걸핏하면 사교 모임을 열어 초연히 세속을 벗어난 청담에 열중하는 등, 현실에 등을 돌리고 좀처럼 오나라 토벌에 나서는 결단을 내리려 하지 않았다.

이때 진남대장군(鎭南大將軍) 두예(杜預, 222~284)가 무제의 동의를 얻어 오나라로 출격, 눈부신 전공을 거두게 된다. 그런데 결전을 눈앞에 둔 군사 회의에서 또다시 신중해야 한다는 의견을 펴는 사람이 나왔다. 이에 대해 두예는 "지금 병사들의 기세가 드높으니, 비유하자면 대나무를 쪼개는 것과 같다"며 결전에 임할 것을 주장했다. 결국 두예를 총사령관으로 하는 서진의 수십만 군대는 오나라에 총공격을 가했고, 280년 3월 마침내 오나라 최후의 황제 손호(孫皓)의 항복을 받아냈다. 이는 함녕(咸寧) 6년의 일인데, 오나라가 멸망하자 4월에 연호를 태강(太康)으로 개정한다. 이리하여 삼국 가운데 마지막까지 남아 있던 오나라도 멸망하기에 이르렀다. 병사들의 사기를 대나무 쪼개는 기세에 비유한 두예의 말에서 유래하여, 후에 거칠 것 없는 강한 기세를 '파죽지세(破竹之勢)'라 부르게 되었다.

참고로 두예는 문무를 두루 겸비한 뛰어난 장수였을 뿐

만 아니라 우수한 학자이기도 했다. 특히 『춘추좌씨전(春秋左氏傳)』에 정통하여, 현재 남아 있는 가장 오래된 주석서인 『춘추좌씨경전집해(春秋左氏經傳集解)』의 저자로도 알려져 있다.

졸부 세 사람과 왕조의 쇠망

성립 초기부터 위 왕조 찬탈의 후유증을 떠안고 있던 서진은 오나라를 멸망시켜 중국 통일을 완수한 직후부터 퇴폐적으로 변하기 시작했다. 그에 따라 정국의 혼란이 깊어져 갔다. 당장 지도자인 무제부터 정복한 오나라의 보물과 후궁들을 보고는 법석을 떨었고, 강남의 미녀들에 눈이 멀어 일할 생각이라곤 전혀 하지 않았다. 정권을 거머쥔 귀족들 또한 정무는 내팽개친 채 재산을 불리는 '화식취렴(貨殖聚斂)'에만 골몰하고 앞 다투어 극도의 사치에 탐닉하는 형편이었다.

도를 넘은 사치를 부렸던 서진 귀족의 대표적인 인물들이 석숭(石崇), 왕개(王愷), 왕제(王濟) 세 사람이다. 『세설신어』 「태치편(汰侈篇)」에는 도를 넘어도 한참 넘은 세 사람의 사치 경쟁과 관련한 일화가 몇 가지 실려 있다. 그중 왕제는 성격이 각박해서 말로 남을 꼼짝 못하게 만드는 것을 즐겼다고 한다. 왕제는 자존심 강한 고집불통 친구인 손초(孫楚)와 곧잘 한 치의 양보도 없는 격렬한 논쟁을 벌이곤 했다. 『세설신어』「배조편(排調篇)」에 이런 이야기가 있다.

손초가 젊은 시절 은둔해 살아가기로 마음먹고 친구 왕제에게 자신의 결의를 밝히던 참이었다. 그는 돌을 베개 삼고 강물로 양치를 한다는 뜻의 '침석수류(枕石漱流)'라 말해야 할 것을, 실수로 '수석침류(漱石枕流)', 곧 돌로 양치하고 강물을 베개 삼겠다고 말해버렸다. 왕제가 잘못을 지적하자, 지기 싫어하는 손초가 대꾸했다.

"강물을 베개 삼는 것은 귀를 씻기 위함이그 돌로 양치하는 것은 이빨을 깨끗이 닦기 위함이다."

이 중 강물로 귀를 씻는다는 말은 전설상의 은자(隱者) 허유(許由)가 요(堯)에게서 천자 자리를 물려주겠다는 말을 들었을 때, 더러운 얘기를 들었다며 귀를 씻었다는 고사를 인용한 것이다. 손초의 이 일화에서 유래하여 남에게 몹시 지기 싫어하거나 자신의 실수를 인정하지 않고 억지 부리는 것을 가리켜 '수석침류'라 하게 되었다. 일본 근대 문학의 아버지인 나쓰메 소세키(夏目漱石)의 필명은 이 이야기에서 따온 것으로 추정된다.

이렇듯 왕제를 비롯한 서진 귀족들은 사치에 탐닉하는 한편 청담으로 단련된 언어 감각을 발휘해 대수롭지 않은 일상 대화 속에서도 언어유희를 즐기는 등, 정치적 불안 따위에는 개의치 않고 저마다 물질적·정신적 쾌락을 추구하는 일에 열을 올렸다. 그리하여 황제도 귀족도 향락에 빠져 있는 가운데 서진의 정권 기반은 흔들리기 시작했고, 290년(영희永熙 원년) 무제가 죽고 어리석은 혜제(惠帝, 재위 290~306)가 즉위하자마자 곧바로 몰락을 향해 치달았다. 바람 앞의 등불처럼 흔들리던 서진의 붕괴에 결정적인 역할을 한 것은 301년(영녕永寧 원년)부터 수년간 계속된 사마씨 왕족의 권력 투쟁인 '팔왕(八王)의 난'이었다. 피로 피를 씻는 처절한 골육상쟁의 한가운데서 어찌할 바를 몰라 하던 혜제를 의연히 지킨 사람은 죽림칠현의 한 사람인 혜강의 아들 혜소였다.

앞서 말했듯이 혜소는 아버지와 맹세를 함께 했던 산도의 권유로 서진 정권에서 벼슬하게 되었다. 하지만 강직하여 좀처럼 남에게 굽히지 않는 성품이어서 "야생의 학이 닭 무리 속에 있는 것 같다"는 칭송을 들을 정도로 초연한 풍채와 품격을 지니고 있었다. 여러 사람들 중에서 특별히 뛰어난 인물을 '군계일학(群鷄一鶴)'이라 표현하는 것은 여기서 비롯된 것이다.

'군계일학' 혜소는 304년(영흥永興 원년) 팔왕의 난이 일으킨 소용돌이 속에서 끝까지 혜제를 지키며 싸우다 살해당했다. 혜제의 옷에 혜소가 살해당하며 흘린 피가 흩뿌려진 처참한 최후였다. 간신히 목숨을 건진 혜제는 시종이 그 옷에 묻은 피를 닦아내려 하자 "이것은 시중(侍中) 혜소의 피다. 닦아내지 말라"고 말했다 한다. 혜소의 한결같은 충성심이 사리 분별 못하던 혜제의 마음까지도 움직였던 것이다. 아버지 혜강은 위 왕조 찬탈을 노리던 사마씨 일족에 저항하다 처형되었는데 아들 혜소는 망해가는 사마씨의 서진 왕조를 위해 목숨을 바쳤으니, 세월 따라 변하는 게 인생이라고는 하지만 참으로 모순된 운명이 아닐 수 없다.

혜소가 죽고 나서도 팔왕의 난은 계속되어 서진 왕조는 완전히 분열, 붕괴되기 직전에 이르렀다. 그런 서진의 숨통을 끊어놓은 것은 화북 지방으로 침입해온 북방 이민족이었다. 311년 즉 영가(永嘉) 원년 서진의 제3대 황제 회제(懷帝)가 살해당하고 낙양이 함락된 '영가의 난' 이래, 계속된 북방 이민족의 맹렬한 공격 속에 겨우 명맥을 유지해 오던 서진은 316년(건흥建興 4년) 끝내 멸망하고 말았다. 이후 화북 지방은 오호 십육국(五胡十六國)이 혼전을 벌이는 이민족 천하가 되었다. 결국 서진은 위나라를 멸망시키고 새로운 왕조를 세운 때로부터 겨우 50년 정도밖에 지속되지 못한 것이다.

서진의 문학

멸망의 위기를 눈앞에 두고 화려한 귀족 문화를 꽃피웠던 서진 시대에는 문학도 장식적인 수사로 한껏 멋을 낸 시와 문장이 주류를 이루었다. 그 대표적인 작가는 반악(潘岳, 247~300)과 육기(陸機, 261~303)였다.

물론 당대에 화려한 수사를 구사하는 문인만 있었던 것은 아니다. 개중에는 좌사(左思, 250?~305?)와 같이 보다 사실적인 필치의 시와 문장으로 큰 명성을 얻은 사람도 있었다. 좌사는 유명한 일화를 많이 남긴 인물이기도 하다. 그가 오랜 고민 끝에 위, 촉, 오 세 나라 수도의 특징을 묘사한 『삼도부(三都賦)』를 완성했을 때, 대단한 호평을 받아 수많은 재력가와 고위 관리들이 앞 다투어 필사하는 바람에 "서진의 수도 낙양의 종이가 귀해졌다"고 한다. 이 '낙양지귀(洛陽紙貴)'라는 말에서 오늘날 베스트셀러 책을 가리켜 "낙양의 지가(紙價)를 올린다"라고 하는 관용 표현이 유래했다.

좌사가 죽은 지 수십 년이 지난 동진(東晉) 시대에, 위의 일화와 관련한 이야기가 하나 더 있다. 유천(庾闡)이라는 사람이 『양도부(揚都賦)』라는 작품을 썼을 무렵, 당시 세력가였던 유천의 친구가 이 책이 좌사의 『삼도부』와 더불어 '사도부(四都賦)'라 칭할 수 있을 정도로 걸작이라고 선전했다. 그러자 금세 소문이 퍼져 사람들이 앞 다투어 필사했고, 그 때문에 역시 동진의 수도였던 건강(建康)의 종이 값이 올랐다. 하지만 당시의 명사였던 사안(謝安, 320~385)은 "이것은 지붕 아래에 또 지붕을 덧댄 격으로 『삼도부』를 흉내 낸 졸작일 뿐"이라며 『양도부』를 혹평했다. 여기서 나온 "지붕 아래에 또 지붕을 만든다"는 '옥하가옥(屋下架屋)'이란 표현은 이후 '옥상가옥(屋上架屋)'으로 바뀌었는데,

이미 앞사람이 이루어놓은 업적을 아무런 변화 없이 답습하거나 다른 사람이 만들어놓은 물건을 쓸데없이 또 만드는 것을 꼬집는 말로 쓰이고 있다.

동진과 낭야의 왕씨

 '팔왕의 난'에 이어 '영가의 난'으로 화북 지방이 대혼란에 휩싸이자, 많은 사람들이 장강을 건너 강남으로 피난한 뒤 서진 왕조의 일족인 낭야왕(琅邪王) 사마예(司馬睿)를 중심으로 결속을 다졌다. 그리하여 서진이 멸망한 다음 해인 317년, 사마예가 즉위하여 원제(元帝, 재위 317~322)가 됨으로써 지배 영역이 강남에 한정된 망명 왕조 동진(東晉, 수도는 건강建康. 현재의 강소 성 남경南京 시)이 탄생했다. 동진 창건에 가장 큰 공을 세운 사람은 위나라 시대부터 이어진 명문 귀족 '낭야(현재의 산동 성 임기臨沂 현 일대)의 왕씨' 출신의 왕도(王導, 267~339)와 그 사촌형 왕돈(王敦, 266~324)이었다.

 유능한 정치가 왕도가 행정을 담당하고 뛰어난 장군 왕돈이 군대를 지휘함으로써, 동진 왕조는 순조롭게 운영되어가는 듯 보였다. 하지만 그것도 잠시, 막강한 군사력을 소유한 왕돈은 혼자서 동진을 차지하겠다는 야망에 부풀어 322년(영창永昌 원년) 반란을 일으켰다. 이 '왕돈의 난'으로 인해 성립한 지 얼마 안 된 동진 왕조는 존망의 갈림길에 놓였다. 그러나 2년 뒤 주동자였던 왕돈이 전투 중에 병사하면서 간신히 사태를 수습할 수 있었다. 그 사이 왕도는 줄곧 자신의 일족에서 반란자가 나온 것에 대해 사죄하는 자세를 취했다. 그 때문에 이후에도 정권의 최고 권력자로서 낭야 왕씨의 우위를 유지할 수 있었다.

왕돈의 난이 끝나고 3년이 흐른 327년, 동진은 또다시 동란에 휘말렸다. '왕돈의 난'을 진압할 당시 공을 세운 소준(蘇峻)이 돌연 병사를 일으켜 수도 건강을 휩쓸어버렸던 것이다. 이 '소준의 난'은 동진 군대의 두 책임자인 치감(郗鑒, 269~339)과 도간(陶侃, 259~334)의 협력으로 329년(함화咸和 4년)에야 겨우 진압되었다. 이후 동진 정권은 행정을 담당하는 왕도, 군사를 담당하는 치감과 도간 이 세 거물의 협력 체제로 운영되며 잠시 안정기에 들어갔다.

대예술가들의 시대

서진에서 동진에 이르는 격동기의 한가운데 살면서도, 정치와 문화계의 핵심을 이루는 대부분의 귀족들은 현실에는 별로 관심이 없었다. 세속을 초월한 세계에서 노니는 것으로 피비린내 나는 현실을 잊으려 했던 것인지, 귀족들은 사교 모임을 만들어 청담에 열중하거나 서로 경쟁이라도 하듯 죽림칠현과 같은 기행을 과시하며 나날을 보냈다. 또한 상대적으로 정세가 안정된 동진 중기에 들어서면서 귀족 사회는 더욱 날카롭고 세련된 미의식을 갖게 되었다. '서성(書聖)' 곧 서예의 성인으로 불리는 왕희지(王羲之, 307~365)는 그러한 동진 중기 귀족의 대표적인 존재다.

왕희지는 낭야 왕씨의 일족으로 왕도와 왕돈의 조카였다. 또한 왕희지의 아내는 소준의 난을 평정하고 동진의 세 거물 중 한 사람이 된 치감의 딸이었다. 왕희지가 어떻게 치감의 눈에 들어 사윗감으로 뽑혔는지에 대해서 재미있는 일화가 전한다. 낭야 왕씨 가문의 젊은이들 중에서 사위를 고르고 싶었던 치감은 왕도의 저택으로 하인을 보내 모여 있는 '왕씨 집안의 도련님들'을 살펴보도록 했다. 그렇게 치감의 사위 선발을 맡은 사람이 찾아오자 모든 도련님들이 잘 보이려고 잔뜩 긴장한 채 맞이했다. 그런데 왕희지는 혼자 태연히 동편 침대에 엎드린 채 그 사람에게 전혀 관심을 보이지 않았다. 이 말을 들은 치감은 "그 녀석이 좋겠군" 하면서 그 자리에서 왕희지를 사위로 결정했다고 한다. 이것은 『세설신어』 「아량편(雅量篇)」에 나오는 이야기로, 이를 근거로 중국에서는 사윗감을 동편 침대라는 뜻의 '동상(東床)'이라 부르게 되었다.

정략적인 결혼이기는 해도 왕희지와 치감의 딸은 서로 마음이 맞고 금슬이 좋아서, 슬하에 7남 1녀를 두고 행복한 가정생활을 꾸려 나갔다. 이렇게 사생활은 지극히 순조로웠던 반면, 태생적으로 귀족이었던 왕희지는 복잡한 권력 관계가 뒤얽힌 거북살스러운 관료 생활이 당최 몸에 맞지 않았다. 그래서 그는 351년(영화永和 7년) 스스로 중앙 관직을 떠나 풍광이 아름다운 회계(會稽, 절강浙江 성 소흥紹興 시) 군의 태수가 되었다.

회계에서 왕희지는 훗날 동진 왕조의 중신이 되는 사안(謝安, 320~385)을 비롯한 여러 벗들과 교우를 즐겼다. 왕희지의 글씨 중 최고의 걸작으로 꼽히는 「난정서(蘭亭序)」는 그런 벗들과의 교류 속에서 태어난 작품이다. 영화(永和) 9

왕희지「난정서(蘭亭序)」(신룡본(神龍本))

년인 353년 3월 3일 즉 상사일(上巳日)에 왕희지는 회계의 교외에 있는 별장 난정에 친구들을 초대하여 '곡수유상(曲水流觴)' 연회를 즐겼다. 곡수유상이란 굽이진 시냇물에 술잔을 띄워놓고 순서대로 돌아가며 시를 짓는 놀이를 말한다. 이때 지은 시를 모아 『난정시(蘭亭詩)』로 묶어 내면서 왕희지가 서문으로 붙인 것이 바로 「난정서」다. 난정 연회가 있은 지 2년이 지난 355년 왕희지는 예전부터의 바람대로 정계를 은퇴했고, 이후에는 기분 내키면 붓을 잡기도 하고 산 속을 헤집고 다니며 약초를 캐기도 하면서 자유로운 생활을 즐겼다.

서성으로 불리는 서예의 대가 왕희지의 일곱 아들 중에는 왕헌지(王獻之)라는 또 한 명의 걸출한 서예가가 있었다. 왕헌지는 후세에 아버지 왕희지와 함께 '이왕(二王)'으로 불린다. 왕헌지는 별난 언행으로 유명해서 여러 가지 일화를 남겼다.

예컨대 왕헌지는 어린 시절 서생(書生)들이 노름하는 것을 한창 구경하던 중에 이미 승패가 났다며 대뜸 이렇게 말했다.

"남풍불경(南風不競)이네."

남풍불경은 원래 『춘추좌씨전』 양공(襄公) 18년에 나오는 표현이다. 본래 남쪽 지방의 노래엔 활기가 없다는 뜻으로, 한쪽의 형세가 부진함을 이르는 말이다. 왕헌지의 말을 듣고 시건방지다 생각한 한 서생이 조롱하는 투로 이렇게 대꾸했다.

"애야, 너는 관중규표(管中窺豹)하는 격이니, 네게는 얼룩무늬 한 조각밖에 안 보일 게야."

관중규표란 대롱으로 표범을 본다는 뜻으로 시야나 식견이 좁음을 이르는 말이다. 서생은 이 비유를 통해 왕헌지가 전체의 패를 알 턱이 없다고 비꼬았던 것이다. 이 고사를 근거로 "얼룩무늬 하나를 보고 표범 전체를 아는 척한다"는 뜻의 '견일반 지전표(見一斑, 知全豹)'라는 말이 생겨났으며, 관중규표와 마찬가지로 시야가 좁음을 이르는 비유적 표현으로 쓰이고 있다.

이왕 얘기를 꺼낸 김에 왕헌지와 관련된 고사를 하나 더 살펴보도록 하자. 왕헌지는 아버지 왕희지와 마찬가지로 숲을 산책하기 좋아해서 이런 명언을 남기기도 했다.

"산음(山陰, 절강 성 소흥 시)의 길을 걷고 있자면, 서로 다투듯 아름답게 다가오는 산과 시내를 응접하기 바빠 다른 생각을 할 겨를이 없구나."

이 표현에서 응접하느라 겨를이 없다는 뜻의 '응접불가(應接不暇)'라는 성어가 유래되었다. 그러나 응접불가는 후세에 차츰 의미가 변화하여 여러 가지 사건이나 일이 꼬리를 물고 일어나는 바람에 생각할 겨를도 없이 바쁘다는 의미로 쓰이게 되었다. 자연의 아름다움을 감상하느라 여념이 없었던 왕헌지가 이 소식을 듣는다면 틀림없이 놀라 말문이 막힐 것이다.

귀족 문화가 꽃피었던 동진 시대에는 서예뿐만 아니라 회화 예술 또한 성숙해서, 중국 서화의 기준이라 할 수 있는 대가들이 출현했다. 그중에서도 고개지(顧愷之, 346?~407?)는 회화의 성인 즉 '화성(畵聖)'이라 불리며, "글씨에는 왕희지·왕헌지 부자, 회화에는 고개지"라 평가받았다. 고개지 또한 왕헌지와 같은 대단한 기인으로서 당시 '삼절(三絶)'이라 불렸다. '삼절'이란 재절(才絶, 재주가 뛰어남), 화절(畵絶, 그림 솜씨가 뛰어남), 치절(痴絶, 기이한 행동이 뛰어남)을 가리킨다. 고개지는 그야말로 천재였다. 어떤 인물의 초상화를 그리면서 마지막으로 뺨에 털 세 가닥을 그려넣었더니, 순식간에 그림 속 인물에 혼을 불어넣은 듯 생기가 돌았다고 한다.

시대를 조금 내려가면 고개지의 이 일화와 비슷한 이야기가 또 있다. 남조 시대 양(梁, 502~557)나라에 장승요(張僧繇)라는 회화의 명인이 있었다. 그는 어떤 절에서 의뢰를 받아 그 벽에 멋진 용 두 마리를 그렸다. 그런데 어찌된 영문인지 용의 눈에 눈동자를 그려넣지 않는 것이었다. 사람들이 이유를 묻자, 장승요는 눈동자를 그리면 용이 벽을 뚫고 하늘로 날아가 버리기 때문이라고 대답했다. 이렇게 말했는데도 사람들이 계속해서 졸라대자 장승요는 어쩔 수 없이 용 한 마리에 눈동자를 그려넣었다. 그러자 별안간 그 용이 벽을 뚫고 나와 하늘로 올라갔고, 벽에는 채 눈동자를 그려넣지 않은 용 한 마리만 남았다고 한다. 이 고사에서 그 유명한 '화룡점정(畵龍點睛)'이라는 성어가 생겨났고, 어떤 일을 할 때 가장 중요한 부분을 마무리하는 것을 가리키게 되었다. 이 이야기는 말할 것도 없이 고개지가 초상화에 마지막으로 '털 세 가닥'을 그려넣었다는 일화와 꼭 닮았다.

환온과 사안

'서성(書聖)' 왕희지가 서둘러 정계를 은퇴했던 것은 무엇에도 얽매이지 않는 자유로운 생활 방식을 추구했기 때문이기도 하지만, 사실 그 외에 다른 이유도 있었다.

동진의 제2대 황제 명제(明帝, 재위 322~325)의 딸과 결혼한 환온(桓溫, 312~373)은 남다른 전투 수행 능력으로 승진을 거듭해 강력한 군사력을 거머쥐었고, 점차 동진 왕조에 위협적인 존재가 되어갔다. 위기를 느낀 동진 왕조는 환온을 견제하기 위해 평판이 좋던 은호(殷浩, ?~356)를 기용했다. 하지만 352년(영화 8년) 은호는 동진의 비장한 숙원인 화북 지방 탈환을 위한 북벌에 실패했고, 그 2년 뒤 환온에게 실각당하고 말았다. 왕희지는 이 은호의 친구였고, 그가 정계를 은퇴한 것은 은호가 관직에서 쫓겨난 바로 다음 해였다. 요컨대 왕희지는 환온의 압박이 나날이 강해지는 상황에 진저리가 났던 것이다.

사실 귀족 출신인 환온과 은호는 어릴 적부터 친구였다. 은호가 실각했을 때, 환온은 이렇게 말했다.

"어릴 적 연원(淵源, 은호의 자)과 같이 대나무 말(竹馬)을 타고 놀 때, 내가 타다 버린 말을 언제나 그 녀석이 가지곤 했어. 은호는 당연히 나와는 상대가 안 되지."

『세설신어』「품조편(品藻篇)」에 나오는 이 이야기에서, 어릴 때부터 가까이 지낸 친구를 가리키는 '죽마지호(竹馬之好)' 또는 '죽마고우(竹馬故友)'라는 말이 유래했다. 환온에게 실각당한 은호는 하루 종일 허공에다 "허허, 괴이한 일이로고!"라는 뜻의 '돌돌괴사(咄咄怪事)' 네 글자를 쓰고 있었다고 한다.

은호를 실각시킨 후 기세가 더 등등해진 환온을 억누르기 위해, 동진 왕조는 다시 한 번 그에 대항할 인재를 발탁했다. 일찍이 뛰어난 행정 능력으로 많은 사람들의 기대를 모았지만 오랫동안 은거하며 한사코 관직을 거절해 온 사안(謝安)이었다. 360년(승평昇平 4년) 사안은 41세의 나이로 마지못해 관계(官界)에 발을 들여놓았고, 이후 노련한 책략을 구사하며 끈기 있게 환온과 맞섰다. 그 결과 환온은 동진을 차지하기 일보 직전까지 이르렀다가, 373년(영강寧康 원년) 허망하게 병으로 죽고 말았다. 바로 노련한 사안이 끈기로 일궈낸 승리였다.

환온이 죽은 뒤 사안은 행정의 최고 책임자가 되어 동진 정권을 이끌었다. 사안은 동진 초기의 대정치가 왕도와 비슷하게 여러 적대 세력을 융화시키는 방침을 취해, 동진 왕조는 차츰 안정을 되찾았다. 참고로 사안은 '양하(陽夏, 현재의 하남 성 태강太康 현)의 사씨' 가문이다. 양하 사씨는 낭야 왕씨에 비하면 그제서야 막 성장하기 시작한 지방 귀족이었지만, 사안의 출현으로 그에 뒤지지 않는 명문 귀족으로 격상되었다.

사안의 재임 중에 동진 왕조는 큰 경사를 맞았다. 383년(태원太元 8년) 사안의 조카 사현(謝玄)이 이끈 동진 군대가 화북 지방을 통일한 부견(苻堅, 338~385)의 전진(前秦) 군대를 격파하여, 북방 이민족의 강남 침공을 막아냈던 것이다. 100만이 넘는 부견의 대군은 비수(肥水)를 건너온 동진 군사 8,000명의 맹공을 받고 전멸했다. 부견의 군사들은 '바람소리와 학 울음소리만 듣고도 동진 군대의 공격인가 두려워할 정도'로 겁에 질려 있었다고 한다. 여기서 유래한 '풍성학려(風聲鶴唳)'는 오늘날 잔뜩 겁에 질린 사람이 아주 조그만 소리에도 깜짝 놀라는 모양을 일컫는 말로 사용되고 있다.

참고로 동진 시대 화북 지방에서는 각지에서 할거한 오호(五胡), 곧 흉노(匈奴), 갈(羯), 선비(鮮卑), 저(氐), 강(羌)의 다섯 이민족이 세운 여러 나라들이 서로 뒤엉켜 패권을 다투는 오호 십육국(五胡十六國) 시대(304~439)가 100년 이상 계속되었다. 그 와중에 저족의 영웅 부견이 세운 전진이 일시적이나마 화북 지방을 통일하는 데 성공을 거두었던 것이다. 부견은 그 여세를 몰아 강남 제패를 노렸지만, 앞서 얘기한 것처럼 '비수 전투'에서 동진 군대에 격파당했다. 이 패배로 전진의 국력은 급속도로 약해졌고, 화북 통일도 단기간에 무너져 버렸다.

동진의 멸망

385년(태원 10년) 사안이 죽고 나자 동진 왕조는 차츰 깊은 혼란에 빠져들었다. 이 혼란은 제9대 황제 효무제(孝武帝, 재위 372~396)의 아우 사마도자(司馬道子)가 폭정을 일삼은 데서 비롯되었다. 실권을 장악한 사마도자는 제멋대로 행동하면서 상상을 초월하는 부정부패를 서슴없이 저질렀다. 이러한 행동에 용기 있게 항의하는 충직한 신하가 없었을 리 없다. 차윤(車胤, 330~400)도 그중 한 사람이었다.

차윤은 가난하고 별 볼일 없는 집안인 한문(寒門) 출신으로, 어렵게 공부한 끝에 능력을 인정받아 고위 관료가 된 사람이다. 그의 고학(苦學)과 관련한 유명한 일화가 있다. 등불 밝힐 기름을 살 돈이 없었던 차윤이 여름밤에 반딧불이(螢) 수십 마리를 잡아다 얇은 천으로 만든 자루에 넣어놓고, 그 불빛으로 공부를 했다는 이야기다. 한편 차윤과 같은 시대에 손강(孫康)이라는 사람 역시 지독하게 가난해서, 겨울밤 쌓인 눈(雪)에 반사되는 달빛으로 공부를 했다고 한다. 후세에 이 두 고사를 아울러 가난을 이기며 어렵게 공부하는 것을 '형광창설(螢光窓雪)' 또는 '형설지공(螢雪之功)'이라 부르게 되었다.

하지만 차윤 같은 양심적인 관료들의 노력에도 불구하고 수렁에 빠진 정국을 바로 세우기는 불가능했다. 이미 형세가 기울어가던 동진 왕조를 밑바닥에서부터 뒤흔든 것은 399년(융안隆安 3년) 도교 일파인 오두미도(五斗米道)의 신도를 중심으로 일어난 민중 반란 '손은(孫恩)의 난'이었다. 손은은 당시 오두미도의 우두머리 이름이다.

402년(원흥元興 원년) 동진 왕조는 가까스로 이 반란을 진압했다. 하지만 바로 얼마 후 막강한 군사력을 손에 쥔 동진 군대의 장군 환현(桓玄, 369~404)이 반기를 들어 순식간에 수도 건강을 제압했다. 그 다음 해인 403년 말에는 어리석기로 유명한, 동진의 제10대 황제 안제(安帝, 재위 396~418)를 퇴위시키고 그 자리를 차지했다. 환현은 동진 왕조를 차지하려다 명정치가 사안에게 저지를 당해 원통함을 품고 죽은 환온의 아들이다.

이렇게 환현이 즉위함으로써 동진은 일단 멸망했지만, 그의 천하는 불과 100일밖에 지속되지 못했다. '손은의 난'을 평정해 공을 세웠던 동진 군대의 중견 장군 유유(劉裕, 363~422)가 반란을 일으켜, 환현은 허망하게 건강에서 추방되어 살해당하고 만 것이다. 그리하여 안제가 제위를 되찾고 동진은 다시 소생하는 듯했지만, 주도면밀하게 정권 찬탈을 준비해온 유유에게 420년(영초永初 원년) 결국 멸망당하고 말았다. 유유는 귀족 사회와는 아무런 인연이 없는 순수한 군인이었다.

은둔의 시인, 도연명

420년 동진을 멸망시킨 유유는 즉위하여 송(宋, 유송劉宋이라고도 함. 420~479) 왕조를 세웠다. 은둔 시인으로 유명한 도연명(陶淵明, 365~427)은 벼슬살이할 때 유유와 동료로 지낸 적도 있었지만, 동진을 멸망시킨 그의 행위에 반발하여 자신의 작품에 절대로 송나라 연호를 쓰지 않았다. 이미 이야기했듯이 도연명의 증조부 도간은 왕도 및 치감과 함께 동진 초기의 세 거물 중 한 명이었다. 도간은 검소한 사람이어서 말년에는 황제를 능가하는 엄청난 부를 축적했다고 한다. 비록 후대로 내려오며 모든 부와 명성을 잃어버리고 말았지만, 동진의 으뜸 공신이었던 도간의 빛나는 혈통을 이어받은 도연명으로서는 아무래도 유유의 찬탈을 용인할 수 없었던 것이라 생각된다.

도연명은 393년(태원 18년) 29세 때 생활을 위해 어쩔 수 없이 지방의 관리를 지낸 이래 출사와 사임을 거듭했다. 하지만 405년(의희義熙 원년) 41세 때 "겨우 다섯 말 봉급을 얻자고 시골 말단 관리에게 허리를 굽힐쏘냐!(不能爲五斗米折腰, 向鄉里小人!)"라며 팽택(彭澤, 강서 성 호구湖口 현 동쪽) 현 지사 자리에서 물러난 것을 마지막으로 고향 심양(潯陽) 군 시상(柴桑, 강서 성 구강九江 시) 현으로 돌아왔다. 그리고 죽을 때까지 20년이 넘는 세월 동안, 여유로운 마음으로 맑은 날엔 밭 갈고 흐린 날엔 책 읽는 은둔 생활을 이어갔다.

그가 초야에 묻혀 살던 시기는 환현의 난이 끝나고 유유의 세력이 날로 강해지던 무렵이었다.

은둔한 도연명은 훌륭한 시를 많이 지었는데, 그 가운데서도 「음주(飮酒) 20수」의 제5수가 가장 널리 알려져 있다.

초막 짓고서 사람들 속에 살아도 (結廬在人境)
시끄러운 말과 수레 소리 없어라 (而無車馬喧)
묻노니, 어찌하면 그럴 수 있소? (問君何能爾)
마음이 세상에서 멀어지니 절로 그렇다오 (心遠地自偏)
동쪽 울 밑에서 국화꽃 꺾어 들고 (采菊東籬下)
여유로운 마음으로 남산을 바라보네 (悠然見南山)
산 기운은 해질녘에 아름다운데 (山氣日夕佳)
날던 새는 짝지어 돌아오는구나 (飛鳥相與還)
이 가운데 진정한 뜻 있어라! (此中有眞意)
말하려니 이미 말을 잊었노라 (欲辯已忘言)

이 시의 제5구와 제6구 "동쪽 울 밑에서 국화꽃 꺾어 들고 / 여유로운 마음으로 남산을 바라보네"는 유유자적한 은자의 심경을 비유하는 구절로 아주 유명하다.

이외에 도연명은 산 속에 펼쳐진 이상향을 묘사한 『도화원기(桃花源記)』라는 글을 지었다. 이 글에 등장하는 '무릉도원(武陵桃源)'은 바깥세상과 단절되어 복숭아꽃이 아름답게 피어 있는 수원지인데, 오늘날 이상향 또는 유토피아를 뜻하는 말로 널리 쓰이고 있으며 '도원향(桃源鄕)'이라고도 한다.

남북조의 흥망

도연명이 줄곧 반대했던 유유를 초대 황제로 한 송나라도 그리 오래가지는 못했다. 이후 강남을 지배하던 한족(漢族)의 남조(南朝)는 제(齊, 479~502), 양(梁, 502~557), 진(陳, 557~589) 순으로 짧은 주기의 어지러운 왕조 교체를 거듭했다.

한편 화북을 지배한 북방 이민족의 북조(北朝)도 격렬한 변천을 계속했다. 일시적으로 화북을 통일했던 부견의 전진이 '비수 전투'에서 동진에 패배하여 쇠퇴한 뒤, 본격적으로 화북을 통일한 나라는 선비족의 탁발씨(拓跋氏)가 세운 북위(北魏, 386~534)였다. 북위는 439년 제3대 황제 태무제(太武帝, 재위 423~452) 때 오호의 여러 나라를 멸망시키고 화북 통일에 성공했다. 하지만 북위도 얼마 가지 못하고 심각한 내분이 일어나, 동위(東魏, 534~550)와 서위(西魏, 535~557)로 분열되었다. 게다가 이 두 나라마저 곧바로 권력자가 교체되어 동위는 북제(北齊, 550~577)로, 서위는 북주(北周, 557~581)로 옷을 갈아입었다.

북조의 이 혼란스러운 분열기는, 577년 명군으로 일컬어지는 북주의 제3대 황제 무제(武帝, 재위 560~578)가 북제를 멸망시키고 화북을 통일함으로써 막을 내렸다. 하지만 578년 무제가 죽은 뒤 무능하고 향락적인 선제(宣帝)가 즉위하자 상황은 또다시 심각해졌다.

이때 급속도로 세력을 확장한 사람이 북주의 재상 양견(楊堅, 541~604)이었다. 양견은 선제의 장인이었기 때문에, 580년 선제가 22세의 나이로 죽자 외척으로서 사후 처리를 맡았다. 그와 동시에 신속하게 일을 진행하여, 다음 해인 581년 북제를 멸망시키고 스스로 즉위해 수(隋) 왕조(581~618)를 세우기에 이르렀다.

양견 곧 수 문제(文帝)의 아내 독고(獨孤) 황후는 북위 시대부터 내려온 명문 출신으로서, 매우 드센 기질을 지닌 여성으로 알려져 있다. 그녀는 선제가 죽은 뒤 국사 처리에 분주한 양견을 독려하며 "맹수 등에 올라 탄 형세이니 도중에 내려선 안 된다"고 등을 떠밀었다. 한번 내리면 잡아먹히고 말 테니, 반대 세력에 짓밟히지 않으려면 정신 바짝 차리고 일해 황제 자리를 차지하라는 말이었다. 억척스러운 독고 황후가 남편 양견에게 건넨 격려인 동시에 따끔한 질타였다. 이 고사에서 호랑이 등에 올라탄 형국이라는 뜻의 '기호지세(騎虎之勢)'라는 표현이 생겨났으며, 한번 일을 계획한 이상 도중에 그만두고 싶어도 그만둘 수 없다는 의미로 쓰이게 되었다.

독고 황후의 엄격한 감독 아래 문제는 황제가 된 이후에도 성실하게 정무에 힘써, 즉위 8년 뒤인 589년(개황開皇 9년)에는 남북조 최후의 왕조인 진나라를 멸망시키고 마침내 중국 전역을 통일하는 데 성공했다. 이리하여 후한 말부터 헤아리자면 약 400년, 서진의 멸망부터 헤아리더라도 300여 년에 이르는 혼란과 분열의 시기가 간신히 막을 내린 것이다.

현종(玄宗), 양귀비(楊貴妃), 안녹산(安祿山)
(『제감도설(帝鑑圖說)』)

제5장
「봄날 단잠에 날 밝는 줄 몰랐더니」
──대시인이 묘사한 세계

1 당·삼백 년의 왕조

오랫동안 지속된 혼란과 분열의 시대에 마침표를 찍고 중국 전역을 통일한 수(隋)나라는, 제2대 황제 양제(煬帝, 재위 604~618)의 사치와 방탕으로 국력이 약화되어 겨우 40년 만에 멸망하고 말았다. 수나라 말기의 동란을 평정하고 성립한 당(唐) 왕조(618~907) 역시 북조(北朝) 계열로서, 초대 황제인 이연(李淵, 고조高祖. 재위 618~626)은 수나라 양제와 이종 사촌 형제간이다(양제의 어머니 독고 황후가 이연의 이모다). 수나라는 단명한 왕조였지만, 이를 이은 당나라는 300여 년간이나 지속된 거대 왕조다. 문학사에서는 보통 당나라를 네 시기, 곧 초당(初唐, 618~709), 성당(盛唐, 710~765), 중당(中唐, 766~835), 만당(晚唐, 836~907)으로 나누는데, 이 구분은 당나라의 정치 및 사회 변천과도 거의 일치한다. 지금부터 이 구분에 따라 각 시대의 대표적인 고사성어를 통해 당나라의 역사를 살펴보도록 하겠다.

초당──정관의 다스림

당나라 번영의 기반을 구축한 사람은 고조 이연의 차남인 제2대 황제 이세민(李世民, 태종太宗. 재위 626~649)이다. 태종에게는 '현무문(玄武門)의 변'이라 불리는 반란을 일으켜 당시 태자였던 형 이건성(李建成)을 죽이고 즉위한 어두운 과거가 있었다. 하지만 즉위 후에는 명망 높은 황제로서 정무에 힘써, '정관지치(貞觀之治)'로 칭송되는 안정된 사회를 만들었다. '정관'은 태종이 다스리던 시기의 연호(年號)이다.

태종은 종종 신하들과 활발한 토론을 벌였으며, 효율적인 제안이나 간언에 귀를 기울였다. "창업(創業)은 쉽지만 수성(守成)은 어렵다" 곧 '창업이 수성난(創業易, 守成難)'이란 유명한 말도 이때 신하들과의 토론에서 나온 것이다. 어떤 일을 시작하기는 쉬워도 이뤄놓은 것을 지켜 나가기는 어렵다는 뜻이다. 태종이 신하들에게 창업과 수성 중 어느 것이 더 어려운지를 묻자 중신인 위징(魏徵, 580~643)이 수성이 더 어렵다 대답했고, 당 왕조 창업의 시기는 이미 지났음을 인식하고 있던 태종도 그 말에 동의했던 것이다. 위징은 명나라 이반룡(李攀龍)이 편찬한 『당시선(唐詩

選)」의 맨 앞에 게재된 오언 고시(五言古詩, 한 구가 5자로 이루어진 비교적 자유로운 형식의 한시-역자 주)「술회(述懷)」의 작자이기도 하다. 다음의 마지막 두 구절은 매우 유명해서 이후 관용구로 널리 쓰이게 되었다.

　　인생은 의기에 감동하는 것 (人生感意氣)
　　공명 따위 누가 또 논하는가! (功名誰復論)

"인간으로 태어난 이상 자신과 의기가 통하는 자를 위해 목숨을 걸어야 한다. 공을 세워 자신의 이름을 드높이는 것 따위는 문제가 되지 않는다"는 의미다.

　당나라 시의 전성기는 성당 시기이다. 초당 무렵부터 위징과 같은 힘찬 시풍을 가진 시인들이 속속 출현해 작품 수준이 서서히 높아졌던 것이다. 시뿐만 아니라 서예 분야에서도, 힘찬 필치로는 동진의 왕희지보다 낫다고 칭송되는 구양순(歐陽詢, 557~641), 저수량(褚遂良, 596~658), 우세남(虞世南, 558~638) 같은 명필들이 나타났다. 이 시기의 황제였던 태종이 왕희지의 글씨를 매우 좋아해서 그것을 수집하는 데 엄청난 열정을 쏟았기 때문에, 그 주변에 자연스럽게 서예의 대가들이 모여들었던 것이다. 이 세 명 필 가운데 최고로 꼽히는 구양순은 '능서불택필(能書不擇筆)', 곧 "명필은 붓을 가리지 않는다"는 평처럼 이런저런 종이나 붓을 가리지 않고 어떤 것으로든 훌륭한 글씨를 써내는 진정한 명수였다고 한다.

측천무후의 시대

중국 역사상 전무후무한 여성 황제인 측천무후(則天武后, 624~705)는 원래 태종의 후궁을 시중들던 궁녀였다. 측천무후는 태종이 죽은 뒤 즉위한 그의 아들 고종(高宗, 재위 649~683)의 사랑을 한 몸에 받으면서 서서히 권력을 잡게 되었다. 고종의 심약한 성격 때문에, 뛰어난 정치 감각과 강한 기질을 갖춘 측천무후가 차차 정치 무대의 전면으로 나오기 시작했던 것이다. 655년(영휘永徽 6년) 측천무후는 북조의 명문 귀족 출신인 왕 황후(王皇后)를 몰아내고 공식적으로 황후 자리에 올랐다.

이 황후 교체는 정치적으로도 의미가 큰 사건이었다. 관리 등용 시험인 과거(科擧)는 수나라에서 시작되어 당나

측천무후(『역대고인상찬(歷代古人像贊)』)

라에 들어와 본격적으로 시행된 제도다. 따라서 과거에 합격한 진사(進士) 출신을 중심으로 신흥 관료층이 점차 세력을 얻게 되었다. 그러자 이 신흥 관료층과 기존 정권의 요직에 있던 남북조 출신 세습 귀족 간의 대립이 격화되었다. 이런 맥락에서 기존의 귀족파 관료들은 왕 황후 옹호를 기치로 모여들고, 신흥 관료들은 측천무후 지지파를 중심으로 세력을 형성해 격렬한 싸움을 벌였다. 그 결과, 측천무후 지지파가 승리를 거둔 것이다.

측천무후의 아버지는 상인에서 신흥 관료로 변신한 인물이었다. 이렇게 보면 측천무후가 황후의 자리까지 오른 일은 역사의 전환점이라 할 만한 획기적인 사건이었다고 할 수 있다. 곧 측천무후를 지지했던 신흥 관료가 남북조 이래의 세습귀족 및 군벌로 구성된 구세력을 몰아내고, 정치와 문화의 중추를 차지하여 새로운 시대가 도래했음을 선포한 일이었던 것이다.

고종이 살아 있을 때부터 실질적인 최고 권력자였던 측천무후는, 683년(홍도弘道 원년) 그가 죽은 뒤 아들 중종(中宗) 및 예종(睿宗)을 꼭두각시 황제로 내세웠다. 그 사이 황제가 되기 위해 차근차근 준비해온 그녀는 690년(재초載初 원년) 마침내 즉위하여 주(周) 왕조를 창건했다. 이때 측천무후의 나이 67세였다. 이 '무주(武周) 혁명'(무武는 측천무후의 성씨)으로 실질적으로는 '이(李)씨의 당 왕조'가 잠시 멸망했던 것이다.

측천무후는 매우 유능한 정치 수완을 가지고 있었지만, 지나치게 권력욕이 강한 데다 극단적인 신비주의자이기도 했다. 분명 위대한 여인이었지만 어쩐지 섬뜩하기도 했던, 다양한 요소를 두루 가진 인물이었다고 할 수 있다. 이런 측천무후를 두려워하지 않고 적극적으로 나선 인물이 바로 적인걸(狄仁傑, 630~700)이다. 그는 주저 없는 간언을 통해 측천무후의 과도한 행동에 제동을 걸어, 그녀에게서 '국로(國老, 나라의 어른-역자 주)'로 신임을 받았다. 적인걸은 측천무후에게 우수한 인재들을 많이 추천했고, 그들 또한 제각각 재능을 발휘해 중책을 담당했다. 그 인재들은 자신을 관직으로 이끌어준 적인걸을 경애하여 그 문하에 모여들었다. '약롱중물(藥籠中物)', 곧 '(우리 집) 약 상자 속 물건'이라는 관용구는 적인걸이 자신의 문하에 모여든 한 사람 한 사람을 일러 사용했던 표현이다. 이 말은 "자네는 우리 집 약 상자 속의 약처럼 언제라도 필요한 때에 꺼내어 유용하게 쓸 수 있는 인재이다"라는 문맥으로 쓰였다. 후세에는 이 의미가 확장되어, 꼭 필요한 사람이나 물건을 뜻하는 말로 사용되고 있다.

그러나 위대한 측천무후도 나이를 이기지는 못했다. 적인걸이 죽은 때로부터 5년 뒤인 705년(신룡神龍 원년) 병으로 요양하던 도중, 퇴위당한 그녀의 아들 중종을 추대한 반란이 일어나 황제 자리를 넘겨줄 수밖에 없었던 것이다. 중종의 복위를 계기로 이씨의 당 왕조는 부활했고, 측천무후의 주 왕조는 15년 만에 막을 내리게 되었다.

성당──현종과 양귀비

당나라가 부활한 후에도 궁정 안에서는 격심한 권력 투쟁이 계속되었다. 이 혼란을 수습하고 기울었던 당나라의 토대를 바로 세운 사람이 예종(중종의 아우)의 아들로 제6대 황제가 된 현종(玄宗, 685~762. 재위 712~756)이다. 현종은 총명하고 유능한 황제로서, 혼란한 정치·사회 구조를 정비하여 '개원지치(開元之治)'로 칭송되는 태평성대를 맞이했다. '개원'은 28세 때 즉위한 현종이 다음 해인 713년부터 29년간 사용했던 연호다.

그러나 이렇듯 훌륭했던 현종도 노년에 접어들자 특유의 활력을 잃고 점차 정치에 권태를 느끼기 시작했다. 이 때 등장한 사람이 그 유명한 절세미인 양귀비(楊貴妃, 719~756)였다. 양귀비에게 완전히 매혹된 현종은 점점 향락에 빠져들어 더 이상 정무를 돌보지 않게 되었다. 훗날 중당 시기의 대시인 백거이(白居易, 자는 낙천樂天. 772~846)는 장편시 「장한가(長恨歌)」에서 아름다운 양귀비에게 빠진 현종의 모습을 이렇게 묘사하고 있다.

구름 같은 귀밑머리 꽃 같은 얼굴에 황금 떨잠

(雲鬢花顏金步搖)

부용꽃 수놓인 따뜻한 장막에서 봄밤을 보냈네

(芙蓉帳暖度春宵)

봄밤은 짧기도 해라, 중천에 해 뜨고야 일어나니

(春宵苦短日高起)

이때부터 군왕은 아침 조회를 보지 않았네

(從此君王不早朝)

  이 시에서 양귀비의 어여쁜 얼굴을 '꽃 같은 얼굴(花顏)'로 묘사했듯이, 현종 또한 양귀비를 말을 알아듣는 꽃이라 하여 '해어화(解語花)'라고 불렀다는 일화가 있다. 어느 날 양귀비와 함께 궁중의 태액지(太液池)라는 연못에 핀 연꽃을 즐기던 현종은, 그녀를 가리키며 옆에 있던 수행원들에게 "연꽃의 아름다움도 이 '해어화'에는 당할 수 없을 게야"라고 했다는 것이다. 이 '해어화'란 말은 이후 미녀를 비유하는 표현, 혹은 기생을 달리 이르는 말로 널리 쓰이게 되었다.

  현종이 양귀비에게 정신이 팔려 있는 사이, 당 왕조는 또다시 혼란스러워지기 시작했다. 오랫동안 현종 밑에서 행정의 수장 자리를 지키고 있던 사람은 '구밀복검(口蜜腹劍)', 곧 "입에는 꿀이 있고 배에는 칼이 있다"고 평가받을 정도로 노련한 정치가 이임보(李林甫, ?~752)였다. 이 구밀복검은 말로는 친한 척하면서 속으로는 해칠 마음을 품고 있음을 이르는 표현이다. 하지만 양귀비에 흠뻑 빠진 현종이 판단력을 잃고 그녀의 일족인 무뢰배 출신의 양국충(楊國忠)을 중용하면서, 양국충이 이임보와 맞대결을 벌이게 되었다. 그러나 이 대결은 752년(천보天寶 11년)에 이임보가 병사하고 양국충이 후임 재상에 오르면서 일단락되었다.

양국충은 대단한 욕심을 가진 악한이었다. 여기에 또 한 사람, 전혀 뜻밖의 인물이 현종의 총애(寵愛)를 받아 강력한 군사력을 손에 넣게 되었다. 바로 이민족 출신인 안녹산(安祿山, 705?~757)이다. 북쪽 변경의 수비대를 통솔하며 두각을 나타낸 안녹산은 현종과 양귀비의 눈에 들어, 751년에는 10개 지역의 절도사(節度使, 각 지방에서 전권을 행사하던 군 사령관) 가운데 3개를 겸임하면서 서서히 군사력을 강화해갔다. 이러한 안녹산과 양국충은 이전부터 사이가 좋지 않았다. 755년(천보 14년), 안녹산은 결국 친구 사사명(史思明)과 함께 15만 대군을 이끌고 양국충 토벌을 목표로 군대를 일으켰다. 흔히 말하는 '안사(安史)의 난'이 발발한 것이다.

다음 해인 756년, 험악한 정세 속에 현종은 양귀비와 양국충 등과 함께 수도 장안(長安)을 탈출해 피난길에 올랐다. 하지만 도중에 분노로 들끓던 근위병들이 양국충을 살해하자, 이러지도 저러지도 못하게 된 현종은 양귀비를 목매 죽게 함으로써 겨우 그들의 흥분을 가라앉히고 촉 땅으로 도피했다. 얼마 후 현종 대신 즉위한 아들 숙종(肅宗, 재위 756~762)이 안녹산의 군대를 진압함으로써, 757년(지덕至德 2년) 간신히 수도 장안을 되찾을 수 있었다. 하지만 이러한 혼란은 몇 년 더 계속되었고, 이 '안사의 난' 때문에 당나라는 쇠망의 길로 향하게 되었다. 결과적으로 현종과 양귀비의 화려한 드라마가 당나라의 낙일(落日)을 초래하는 방아쇠가 되었던 것이다.

성당의 시인들

현종 시대를 중심으로 하는 성당 시기는 중국 고전시의 황금기다. 이 시기에 두보(杜甫, 712~770), 이백(李白,

701~762), 왕유(王維, 701~761), 맹호연(孟浩然, 689~740) 등 역사에 길이 남은 대시인들이 배출되었다. 이들의 시구 가운데는 관용구처럼 친숙해져 오래도록 후세에 전해지는 것들이 많다. 몇 가지 예를 들어보겠다.

    나라는 망했어도 산천은 남아 (國破山河在)
    도성에 봄이 오니 초목이 무성하네 (城春草木深)
                                    두보 「춘망(春望)」

이 「춘망」은 757년 봄 '안사의 난'이 한창이던 무렵, 안녹산의 군대에 사로잡힌 두보가 황폐해진 장안의 봄 풍경을 보고 쓴 오언 율시(五言律詩, 한 구당 5자씩, 8구로 이루어진 엄격한 운율의 한시-역자 주)다. 첫 구절인 국파산하재(國破山河在)는 전란으로 인해 황폐해진 모습을 표현하는 관용구로 널리 쓰이고 있다. 두보의 작품에서 하나 더 예를 들어보자.

    외상 술값이야 가는 데마다 있기 마련, (酒債尋常行處有)
    인생에 칠십은 자고로 드문 일이 아닌가! (人生七十古來稀)
                                    두보 「곡강(曲江)」 제2수

이것은 757년 가을, 숙종이 장안을 되찾은 후의 작품이다. 당시에 두보는 짧은 기간이긴 해도 숙종 아래서 벼슬을 했었다. 위의 '인생칠십고래희(人生七十古來稀)'라는 시구는 원래 속담에서 가져온 표현인 듯한데, 이 작품으로 널리 알려지게 되었다. 사람의 나이 70세를 가리켜 '고희(古稀)'라 부르는 것도 역시 이 시구에서 유래했다.

두보와 함께 '이두(李杜)'로 병칭되는 이백의 시 중에서도 거의 관용 표현이 되다시피 한 유명 구절들이 많다.

> 흰머리 삼천 장은 (白髮三千丈)
> 시름 때문에 이리 자랐네 (緣愁似箇長)
>
> 이백 「추포가(秋浦歌)」 제15수

첫 구절의 '백발삼천장(白髮三千丈)'은 후세에 근심 걱정이나 슬픔이 날로 쌓여감을 이르는 다소 과장된 비유적 표현으로 종종 사용되고 있다. 한때 이백은 현종의 궁정 시인이 되어 양귀비의 미모를 칭송하는 시를 짓기도 했다. 하지만 자유분방했던 그는 벼슬살이에 적합하지 않아서, 결국 생애의 대부분을 이리저리 방랑하며 보냈다.

두보와 이백은 둘 다 세상에 좀처럼 나타나기 힘든 대시인으로, 두보는 '시성(詩聖)', 이백은 '시선(詩仙)'으로 불린다. 이는 정확하고 치밀한 시풍을 가진 두보와 자유분방한 시풍을 가진 이백의 차이를 매우 효과적으로 드러낸 호칭이라 하겠다.

이외에 맹호연과 왕유의 다음 시구절도 두보나 이백의 시 못지않게 널리 알려져 있다.

> 봄날 단잠에 날 밝는 줄 몰랐더니 (春眠不覺曉)
> 여기저기서 새 지저귐 들리누나 (處處聞啼鳥)
> 밤사이 비바람 소리 지나더니 (夜來風雨聲)
> 꽃잎은 얼마나 떨어졌는지 (花落知多少)
> 　　　　　　　　　맹호연「츈효(春曉)」

> 위성의 아침 비가 엷은 먼지 잠재우니 (渭城朝雨浥塵)
> 객사 푸른 버들엔 봄빛이 새롭구나 (客舍靑靑柳色新)
> 그대에게 권하노니 이 술 한잔 더 비우게 (勸君更盡一杯酒)
> 서편 양관을 나서면 친구가 없을 터이니 (西出陽關無故人)
> 　　　　　　　왕유「송원이사안서(送元二使安西)」

맹호연이 쓴 「춘효」의 제1구인 춘면불교효(春眠不覺曉)는 좋은 분위기에 취해 시간 가는 줄도 모른다는 의미로 쓰이고 있다.

한편 왕유의 시에 나오는 위성(渭城)은 장안의 서북쪽에 위치한 도시로 당시 서역으로 가는 교통의 요지였으며, 양관(陽關)은 감숙 성 돈황(燉煌) 현의 서남쪽에 있었던 관문이다. '안서로 가는 원씨 집안 둘째 아들을 보내며'라는 뜻의 「송원이사안서」는 송별가로 불리며 세 번에 걸쳐 연주되었기 때문에 '양관삼첩(陽關三疊)'이라는 별명도 얻었다.

중당의 시대상황과 전기소설

763년(광덕廣德 원년) 당나라는 서역의 이민족인 위구르(回紇)의 힘을 빌려서야 여진이 이어지던 '안사의 난'을 완전히 진압할 수 있었다. 숙종이 죽고 대종(代宗, 재위 762~779)이 즉위한 다음 해의 일이다. 총 9년에 걸쳐 계속된 '안사의 난'이 끼친 손실은 치명적이어서, 그 후 당나라는 140년 정도 더 지속되었지만 활력을 잃고 점점 쇠퇴해갔다. 당나라의 쇠퇴가 가속화한 데는 다음과 같은 원인들이 작용했다. 첫째, 황제가 빈번하게 교체되어 환관(宦官)의 세력이 날이 갈수록 강화되었다. 둘째, 지방의 근 사령관을 담당하던 절도사가 별도의 정치 세력으로 성장했다. 셋째, 초당 시기부터 계속되어온 세습 귀족 관료와 과거에 합격한 진사 출신 관료 사이의 파벌 다툼 곧 당쟁(黨爭)이 격화되었다.

시간이 흐름에 따라 진사 출신 관료가 점점 더 세력을 강화하게 된 것은 당연한 결과였다. 하지만 과거제(科擧制)가 완전히 자리 잡게 된 것은 당나라에 이은 북송(北宋) 시대부터이며, 당대에는 아직 제도적으로 정비되지 않은 면이 많았다. 이런 이유 때문에 과거 합격을 목표로 한 진사 예비군들은 관계의 요직에 있는 실력자에게 자신의 능력을 보이기 위해 여러 가지 방법을 고안했다. 자신이 쓴 시와 문장을 책으로 엮어 실력자에게 바치는 '행권(行卷)' 풍습도 그중 하나였다. 중당 시기 이후 왕성하게 창작된, '당대전기(唐代傳奇)'로 통칭되는 일련의 단편 소설도 이 '행권' 풍습에서 생겨났다고 한다. 과거를 준비하는 서생들이 '행권'을 할 때, 재미있는 소설을 바치면 실력자들이 바로 읽어주리라고 판단했을 것이라는 설명이다.

인간 세상의 부귀영화가 꿈처럼 덧없다는 의미로 쓰이는 '한단지몽(邯鄲之夢)'이나 '남가일몽(南柯一夢)' 같은 성어도 이 '당대전기'의 작품에서 나온 말이다. '한단지몽'은 심기제(沈旣濟)가 지은「침중기(枕中記)」에서, '남가일몽'은 이공좌(李公佐)가 지은「남가태수전(南柯太守傳)」에서 비롯한 표현이다.

　그중「침중기」의 줄거리는 대략 이렇다. 노생(盧生)이라는 가난한 서생이 한단(하북 성)의 찻집에서 알게 된 신선 여옹(呂翁)에게서 양 끝에 구멍이 뚫린 청자 베개를 빌려 베고 잠이 들었다. 그런데 어찌된 영문인지 그 구멍 속 세계로 빨려 들어가 50년 넘게 온갖 부귀영화를 누리며 살게 되었다. 그러다 문득 눈을 떠 보니 노생은 여전히 한단의 찻집에 있었고, 잠들기 전에 찻집 주인이 짓기 시작하던 기장밥도 채 익지 않은 상태였다. 그 덕분에 노생은 부귀영화도 한낱 부질없는 꿈에 지나지 않는다는 깨달음을 얻게 되었다. 또한 순우분(淳于棼)이라는 인물이 홰나무 구멍을 통해 개미의 세계로 빨려 들어간 사건의 전말을 묘사한「남가태수전」의 내용도 기본적인 뼈대는 이「침중기」와 다르지 않다.

전기 소설이 왕성하게 창작되기는 했지만, 중당 시기에도 대표적인 문학 장르는 역시 시였다. 중당 시기 대표적인 시인으로는 한유(韓愈, 768~824), 가도(賈島, 779~843), 백거이(白居易, 772~846), 원진(元稹, 779~831), 이하(李賀, 790~816) 등이 있다. 그중에서도 한유와 백거이를 선두 주자로 꼽을 수 있다. 한유의 시풍은 까다롭고 기발하며 호방함이 돋보이는 반면, 백거이의 시풍은 평이함 그 자체여서 선명한 대조를 보인다.

한유에게 재능을 인정받은 가도는 시어를 선택할 때 병적이라 할 만큼 철저하게 고민했던 고음형(苦吟型)의 시인으로 알려져 있다. 가도가 절친한 친구 이응(李凝)을 방문하고 돌아오다 그의 은거처를 소재로 「제이응유거(題李凝幽居)」라는 오언 율시를 쓸 때였다.

> 새는 연못가 나무에서 잠자고 (鳥宿池邊樹)
> 스님은 달빛 아래 문을 두드린다 (僧敲月下門)

이 3·4구에서 가도는 '승고(僧敲), 스님은 두드린다'와 '승퇴(僧推), 스님은 민다' 중에 어떤 표현이 좋을지 길을 가며 고민하다, 당시 경조윤(京兆尹, 오늘날의 서울 시장)이었던 한유 행렬과 맞닥뜨렸다. 가도의 사정을 들은 한유는 그 자리에서 "'두드린다' 쪽이 낫다"고 대답했고, 이후 가도를 주목하게 되었다고 한다. 이 고사를 근거로 글을 쓸 때 여러 번 생각하여 고치고 다듬는 일을 '퇴고(推敲)'라 부르게 되었다.

한편 이하는 '귀재(鬼才)'라 불렸을 만큼 아주 예민한 시적 감각을 지닌 인물이었다. 오언 고시 「증진상(贈陳商)」의 맨 앞 두 구절은 특히 많은 사람들에게 회자(膾炙)되었다.

    장안에 한 젊은이 있으니 (長安有男兒)
    스물에 그 마음 이미 늙었네 (二十心已朽)

가도나 이하같이 아주 작은 부분에도 병적이라 할 만큼 집착했던 시인은 앞선 성당 시기에선 찾아볼 수 없었다. 그런 의미에서, 이 두 사람은 중당이라는 기울어가던 사양(斜陽)의 계절을 상징적으로 보여주는 인물이라고 하겠다.

황소의 난에 이르는 대혼란

 만당 시기에는 관료들 사이에서 '우이(牛李) 당쟁'이라 불리는 파벌 싸움이 격화되었다. 우당은 우승유(牛僧孺, 779~847)가 이끄는 진사 출신 관료 집단을 가리키고, 이당은 명문 귀족 출신의 이덕유(李德裕, 787~849)를 중심으로 한 세습 귀족 관료들을 말한다. 우, 이 양당은 환관들 사이에 형성된 파벌을 끌어들여 주도권 쟁탈전을 거듭했고, 이 장기간에 걸친 진흙탕 싸움으로 당나라의 정권 기반은 밑바닥부터 붕괴되어갔다. 그 사이, 황제까지 자신들의 뜻대로 뽑는 등 궁중을 장악한 환관들은 그야말로 거침없이 행동했다. 지방은 지방대로 중앙 정부의 통제를 두시하는 군부 세력들이 여기저기서 들고 일어나는 사태가 벌어졌다.

 이렇게 중앙과 지방 모두 출구가 보이지 않는 대혼란에 빠져 있던 무렵인 875년(건부乾符 2년), 소금 밀매상인 황소(黃巢, ?~884)와 그의 친구 왕선지(王仙芝, ?~878)를 중심으로 '황소의 난'이 일어났다. 황소가 이끄는 반란군은 880년 낙양(洛陽)에 이어 수도인 장안을 점령하기에 이르렀다. 하지만 883년(중화中和 3년) 황소가 당나라 조정과 내통한 부하 장수 주전충(朱全忠, 852~912)에 의해 장안에서 쫓겨나고 그

1년 뒤에 자살함으로써, 무려 9년간이나 지속되었던 황소의 난은 겨우 끝이 났다.

황소의 난이 일으킨 소용돌이 속에서 각지의 군부 세력 및 막강한 군사력을 가진 야심가들은 호시탐탐(虎視眈眈) 세력 확장을 노리며 움직이기 시작했다. 그 때문에 당나라의 혼란은 더욱 가중되었다. 조송(曹松, 생몰년 미상)이라는 한 시인은 이러한 상황을 다음과 같이 노래하고 있다.

부탁하노니 그대여, 봉후 일 따위는 말하지 말게
(憑君莫話封侯事)
한 장수의 성공 뒤에 일만 병사의 해골이 뒹구니
(一將功成萬骨枯)

"제발 제후에 오르는 일 같은 것은 말하지 말아주게. 장군 한 명이 공훈을 세우는 뒤편에는 무수한 병사들의 시체가 전장에서 뒹굴어야 하는 법이니까"라는 말이다. '일장공성만골고(一將功成萬骨枯)', 곧 "한 장수의 성공 뒤에 일만 병사의 해골이 뒹군다"는 위 시구는, 오직 높은 자리에 있는 사람에게만 공적이 돌아갈 뿐 그 밑에서 일한 사람들의 노력은 묻혀버리는 상황을 탄식하는 말이다.

중국 전역을 대혼란에 빠뜨렸던 황소의 난은 끝났지만, 결국 당나라에 회복 불가능한 상처를 남겼다. 그대로 두어도 회생의 가망이 전혀 보이지 않던 당나라의 숨통을 아예 끊어놓은 사람은 황소를 배반한 주전충이었다. 황소의 난을 평정한 공으로 변주(汴州, 하남 성 개봉開封 시)의 절도사가 된 주전충은 907년 당나라를 멸망시키고 즉위하여 후량(後梁, 907~923)을 건국했다. 그리고 수도를 장안에서 자신의 근거지인 변주로 옮겼다. 이리하여 300년 가까이 지속된 당나라는 마침내 멸망하고 말았다. 이후 짧은 주기로 여러 왕조가 흥망을 거듭하는 '오대십국(五代十國)'의 난세가 50여 년 넘게 계속되었다.

예감되는 멸망

만당 시기에 활동했던 시인 중에서는 이상은(李商隱, 812~858)과 두목(杜牧, 803~852)이 대표적이다. 두 사람의 공통점은 한껏 기교를 부린 수사를 이용해 퇴폐적인 분위기가 물씬 풍기는 시적 세계를 만들어냈다는 것이다. 이들의 시 중에서도 오늘날 거의 관용 표현처럼 쓰이는 명구들을 많이 찾아볼 수 있다. 먼저 이상은의 오언 절구(絶句) 「등낙유원(登樂遊原)」(낙유원은 당나라 때 장안에 있던 유명한 유원지-역자 주)의 3·4구는 다음과 같이 노래하고 있다.

    석양은 한없이 아름답건만 (夕陽無限好)
    다만 황혼이 가깝구나 (只是近黃昏)

흡사 당나라의 낙일(落日)을 상징하는 듯한 명구라 하겠다.
한편 두목은 역사적 사건을 소재로 한 시를 많이 남겼다. 그중 하나인 칠언(七言) 절구 「제오강정(題烏江亭)」은 한나라와의 전투에서 패한 초나라의 항우를 소재로 삼은 시다.

    승패는 병가에서도 기약할 수 없는 일
  (勝敗兵家事不期)
    수모를 안고 치욕을 참는 그것이 사나이지
  (包羞忍恥是男兒)
    강동의 젊은이 뛰어난 자 많았으니
  (江東子弟多才俊)

흙먼지 일으켜 다시 왔다면 알 수 없었을 것을

(捲土重來未可知)

   이 시의 제4구인 "흙먼지 일으켜 다시 왔다던 알 수 없었을 것"이라는 말은, 항우가 자결하지 않고 다시 한 번 유방에 도전해 싸웠더라면 그 승패의 향방은 알 수 없었을 것이라는 의미다. 여기서 나온 '권토중래(捲土重來)'는 이후 한 번 실패했던 일에 힘을 회복하여 다시 도전하거나 잃어버린 세력을 만회한다는 의미의 관용어로 널리 쓰이게 되었다.

   이렇게 이상은과 두목의 작품 속 화려한 수사 뒤에는 대체로 멸망에 대한 예감이 짙게 스며들어 있다고 할 수 있다.

2 사대부 문화의 대두

북송 왕조의 성립

당나라가 멸망한 후 중국은 또다시 남북으로 분열되었다. 북쪽에서는 주전충의 후량을 필두로 하여 후당(後唐), 후진(後晉), 후한(後漢), 후주(後周)의 다섯 왕조 곧 오대(五代)가 흥망을 거듭했다. 같은 시기 남쪽에서는 오(吳), 남당(南唐), 전촉(前蜀), 후촉(後蜀), 남한(南漢), 초(楚), 오월(吳越), 민(閩), 남평(南平, 荊南), 북한(北漢)의 열 나라 곧 십국(十國)이 난립했다.

오대의 최초 왕조인 주전충의 후량(後梁, 907~923)은 성립된 지 겨우 16년 만에 후당(923~936)에게 멸망당했다. 이때 후량의 장군 왕언장(王彦章)도 항복을 거부하다 끝내 살해되었다. 왕언장은 '표사유피 인사유명(豹死留皮, 人死留名)' 곧 "표범은 죽어서 가죽을 남기고 사람은 죽어서 이름을 남긴다"는 속담을 좌우명으로 삼고 전쟁터에서 살았던 장군이다. 오대라는 난세에도 왕언장처럼 의연히 살다 간 인물이 있었다는 것은 특기할 만한 일이다.

50년 넘게 지속된 오대십국의 난세를 끝내고 중국 전역을 재통일한 사람은 송(宋) 왕조(북송北宋 960~1127, 남송南宋 1127~1279)의 초대 황제 태조(太祖) 조광윤(趙匡胤, 재위 960~976)이었다. 태조와 그의 아우로 제2대 황제가 된 태종(太宗, 재위 976~997)은 각 지방 절도사들의 병권(兵權)을 빼앗아 중앙 정부의 통제 아래 두고, 과거제를 정비해 황제가 직접 시험관이 되어 최종 합격자를 결정하는 '전시(殿試) 제도'를 시행하는 등 문관을 우대하는 중앙 집권제를 강화했다. 이러한 노력으로 삼국 및 육조 시대부터 당나라까지 지속되었던 세습 귀족들의 천하는 완전히 막을 내렸다. 출신 계층을 불문하고 실력으로 과거에 합격한 진사들이 고급 관료가 되어 황제를 보좌하며 정치와 사회의 중추를 차지하는 근세적인 사대부(士大夫) 시대가 도래한 것이다.

북송의 문치주의

북송이 취한 문치주의(文治主義)는 군사력의 저하를 초래하여, 11세기 들어 북송은 몽골계 거란족(契丹族)이 세운 나라인 요(遼, 916~1125)와 티베트계 탕구트 족의 서하(西夏,

1038~1227)에 잇달아 침략당하는 힘겨운 상황에 처하게 된다. 북송은 어쩔 수 없이 요나라 및 서하와 불리한 화평 조약을 체결해 매년 막대한 전쟁 보상금을 지불하게 되었다.

1044년(경력慶曆 4년), 서하와의 전쟁에서 패해 화평 조약을 맺던 무렵의 황제는 제4대 인종(仁宗, 재위 1022~1063)이었다. 인종은 대외 정책에서는 실패를 거듭했지만, 내정에서만큼은 유능한 인재를 적극적으로 등용하는 등 상당히 훌륭한 군주였다. 인종이 재상으로 발탁한 두연(杜衍)도 청렴결백하고 강직한 인물이었다. 하지만 그 강직함이 너무 지나쳐 다른 신하들의 원한을 사는 바람에, 사위의 아주 사소한 공금 유용이 빌미가 되어 겨우 70일 만에 재상 자리에서 쫓겨나고 말았다. 이때 두연의 사위를 투옥하고 여러 관련자를 적발한 어사(御史, 관리의 부정행위 적발을 담당하는 부서의 장관)는 "내가 일망타진(一網打盡)했노라"며 기뻐했다고 한다. 일망타진은 문자 그대로 하면 한 번 그물을 던져 물고기를 모조리 잡는다는 뜻이지만, 이후로는 어떤 사건과 관련한 악한이나 죄인들을 한꺼번에 잡아들인다는 의미로 쓰이게 되었다.

지나친 강직함으로 관직에서 배제당한 두연 같은 경우

도 있었지만, 거금을 들여 주변 이민족과 평화적으로 공존했던 북송 시대에는 사대부 지식인을 중심으로 고도의 문화가 꽃을 피웠다. 『자치통감(資治通鑑)』을 저술한 역사가 사마광(司馬光, 1019~1086)과 대시인 소식(蘇軾, 호는 동파東坡. 1036~1101)을 비롯한 뛰어난 문인과 시인들이 속출했으며, 회화 분야에서도 산수화(山水畵)가 확립되어 많은 수의 우수한 화가들이 활약했다.

또한 상업의 현저한 발달로 북송의 수도 개봉(開封, 하남성 개봉 시)은 거대한 상업 도시로 번성했다. 번화가에는 각종 구경거리를 상연하는 가설무대가 쭉 늘어서서 설화인(說話人)이라 불리던 이야기꾼들의 공연 소리가 드높이 울려 퍼졌다. 『서유기(西遊記)』, 『수호전(水滸傳)』, 『삼국지연의』와 같이 구어체, 곧 '백화(白話)'로 쓰인 중국 고전 소설의 걸작들은 모두 이 북송 시대 번화가의 공연 예술을 모태로 한다.

정치의 혼란, 문예의 성숙

이처럼 화려한 사대부 문화와 대중문화가 함께 발전하고 상업이 번성하는 한편에서는, 빈부격차가 심화되고 이민족에 지급하는 막대한 보상금이 늘어나 국가 재정이 적자로 돌아서는 등 악재가 겹쳤다. 그 때문에 북송의 앞날은 점차 가시밭길로 변해갔다. 이러한 위기 상황 속에서, 관료들 사이에서는 신속하고 전면적인 국가 개혁을 단행해야 한다는 '신법당(新法黨)'과 이에 반대하며 완만한 개혁을 주장하는 '구법당(舊法黨)'의 두 파벌이 생겨나 격렬한 주도권 다툼을 벌였다. 신법당의 우두머리인 왕안석(王安石, 1021~1086)은 주도권을 잡자마자 앞뒤도 살피지 않고 가차 없이 개혁을 단행하여 광범위한 층으로부터 원한을 샀다.

왕안석은 엄격한 개혁을 단행한 정치가인 동시에 북송의 유수한 시인이기도 했다. 왕안석의 「석류시(石榴詩)」에 보이는 다음 두 구절은 특히 널리 알려진 것이다.

> 뭇 초록 잎 속의 붉은 꽃 한 송이 (萬綠叢中紅一點)
> 사람을 움직이는 봄빛 많을 필요 없어라 (動人春色不須多)

사실 「석류시」는 왕안석의 시문집에 실려 있지 않아 그 진위 여부가 확실치 않다. 여기에 인용한 두 구절의 경우도 『초계어은총화(苕溪漁隱叢話)』 같은 시문집에서는 "짙푸른 못 가지에 붉은 꽃 한 송이 / 사람을 움직이는 봄빛은 모름지기 많지 않나니(濃綠萬枝紅一點, 動人春色須不多)"로 되어 있어, 앞의 작품과 상당한 차이를 보이고 있다. 그래도 이 시는 왕안석의 작품으로 구전되었으며, 첫 번째 구절에서 유래한 '홍일점(紅一點)'은 많은 남성들 속의 한 여성을 가리키는 관용 표현으로 굳어졌다.

북송 최고의 시인 소식은 왕안석을 필두로 하는 신법당과 대립했던 구법당의 유력 인사였다. 그는 격화된 당쟁의 소용돌이에 휘말려 세 번이나 귀양길에 오르는 등 파란만장한 생애를 보냈다. 하지만 선천적으로 지나칠 정도로 낙천적이었던 소식은 웃음으로 역경을 헤쳐 나가며 일생 동안 약 2800수에 이르는 엄청난 양의 시를 썼다. 그뿐만 아니라 글씨와 그림, 요리와 의술 등 다양한 분야에서 뛰어난 재능을 발휘했다. 소식의 시 중에는 시대를 뛰어넘어 애송되는 명작들이 많다. 그중에서도 칠언 절구 「춘야(春夜)」는 특히 유명하다.

봄밤 한순간은 천금과도 같아 (春宵一刻値千金)

꽃에는 맑은 향기, 달빛에는 아련함이 (花有淸香月有陰)

누대에 울리던 노래와 피리 소리 잦아들고 (歌管樓臺聲細細)

그네 매달린 마당에 밤이 조용히 깊어 가네 (鞦韆院落夜沈沈)

  순식간에 지나가는 봄밤의 감미로운 한때를 멋지게 포착한 작품이다. 오늘날 아무리 짧은 시간이라도 천금과 같이 소중하다는 의미로 쓰이는 '일각천금(一刻千金)'이라는 말은 「춘야」의 첫 번째 구절에서 가져온 것이다.

  왕안석과 소식의 운명을 좌지우지한 신법당과 구법당의 다툼이 장기간에 걸친 진흙탕 싸움이 되면서, 북송의 정치 기구는 제 기능을 하지 못하게 되었다. 이런 상황에서 무능하기 짝이 없는 제8대 황제 휘종(徽宗, 재위 1100~1125)이 즉위했다. 휘종은 예술적 재능이 뛰어나 화가와 서예가로는 초일류였다. 하지만 정치적 감각은 전혀 없어, 아첨꾼인 재상 채경(蔡京)과 환관 동관(童貫)을 중용하여 돈을 물 쓰듯 하면서 극도의 사치를 부렸다. 그 결과 사회 불안이 고조되고 각지에서 빈곤을 참다못한 민중들의 반란이 이어졌다.

'양산박(梁山泊)'에 모여든 108명의 호걸(豪傑)들이 상부의 명령을 거역하고 분투하는 모습을 그린 고전 장편 소설 『수호전』은 바로 이 휘종 시대를 배경으로 한 작품이다. 『수호전』은 이미 북송 무렵부터 악기의 장단에 맞춰 이야기하는 '설창(說唱)'의 형태로 유포되었으며, 시대를 내려가 명나라 이후부터는 장편 소설로 집대성되기에 이르렀다. 이후 이 양산박은 호걸이나 뜻을 품은 사람들이 모이는 장소를 가리키게 되었다.

무능한 황제 휘종 시대에 이르러 전형적인 왕조 말기의 증상을 보였던 북송은, 급속히 힘을 키운 퉁구스계 여진족(女眞族)이 세운 금(金, 1115~1234)나라가 공격해 들어온 정강(靖康)의 변으로 1127년 즉 정강 2년에 멸망하고 말았다. '정강'은 휘종 다음 황제인 흠종(欽宗, 재위 1125~1127)의 연호이다.

남송 왕조의 성립

북송이 멸망하자 휘종의 아들 강왕(康王) 조구(趙構)가 고종(高宗, 재위 1127~1162)으로 즉위하여, 지배 영역이 강남으

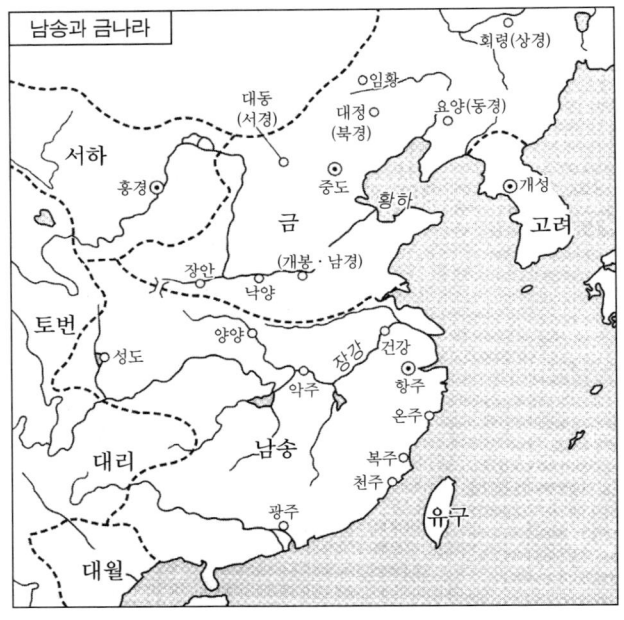

로 국한된 망명 정권 남송(南宋, 1127~1279)이 탄생했다. 수도는 항주(杭州), 곧 현재의 절강 성 항주 시였다. 덧붙이자면 금나라 군대의 맹공이 시작되자마자 휘종은 재빨리 아들 흠종에게 황제 자리를 물려주었지만, 정강의 변으로 북송의 수도 개봉이 함락되자 휘종과 흠종 모두 포로가 되어 금나라의 근거지로 끌려갔다. 이때 흠종의 아우인 고종

혼자 간신히 연행을 피해 남쪽으로 도망쳐 황제가 되었던 것이다.

이렇게 남송 왕조가 성립하기는 했지만, 그 뒤에도 금나라 군대의 추격은 계속되었다. 고종 일행은 11년간이나 강남 각지를 전전하다 1138년(소흥紹興 8년)에야 겨우 수도 항주에 안착할 수 있었다. 북송의 멸망 이후 12년째 약체였던 남송 군대가 금나라 군대의 맹공격을 물리칠 수 있었던 까닭은 순전히 네 명의 명장 곧 장준(張俊), 한세충(韓世忠), 유광세(劉光世), 악비(岳飛, 1103~1141)가 있었기 때문이다.

그중에서도 '악가군(岳家軍)'이라 불린 정예의 사병 부대를 이끌었던 악비는 뛰어난 전투 수행 능력의 소유자였다. 그는 1122년(선화宣和 4년) 전투병 모집에 응하여 북송 군대에 들어온 이후 수많은 전공을 세워, 고종이 강남으로 피난을 떠난 뒤 개봉의 수비를 맡은 장군 종택(宗澤)의 부장이 되어 금나라 군대와 과감히 맞섰다. 악비의 뛰어난 군사적 재능을 더 키워주고 싶다는 마음에, 한번은 종택이 군진의 배치를 나타내는 지도를 보여주며 이렇게 운을 뗐다.

"야전(野戰)만 선호하는 것은 만전을 기하는 방벽이 아닐세."

악비(『역대명신상(歷代名臣像)』)

그러자 악비는 이렇게 대답했다.

"진을 쳐놓고 싸우는 것은 병법의 상식입니다. 하지만 그 진을 운용하는 묘는 마음 하나에 달려 있습니다."

이 말대로 악비는 그 후 오로지 한마음으로 운용의 묘를 발휘해 금나라 군대와 싸움을 계속했고, 훗날 남송 군대의 거목이 되었던 것이다. 악비의 말에서 유래한 '운용지묘 존호일심(運用之妙, 存乎一心)'은 훗날 모든 일은 마음먹기에 달려 있다는 뜻으로 쓰이게 되었다.

오랜 기간에 걸쳐 전쟁이 한창이던 중에도 사실 수면 아래서는 남송과 금나라의 화의 교섭이 계속되고 있었다. 남송 주화파의 우두머리는 재상 진회(秦檜)였다. 진회는 자신이 정강의 변 때 포로가 되어 금나라로 끌려갔다 탈출했노라고 선전하며 고종을 섬겨 순식간에 출세한 인물로, 금나라의 첩자라는 소문이 끊이지 않았다. 이 진회의 교묘한 계략으로, 1141년(소흥 11년) 결사 항전파였던 악비와 그 아들 악운(岳雲)이 체포되어 처형당했다. 그리하여 다음 해 남송은 마침내 금나라와 강화 조약을 맺게 되었다. 그 조건은 회수(淮水)를 경계로 북쪽은 금나라가, 남쪽은 남송이 지배한다는 것과 남송은 금나라에 대해 신하의 예를 갖추고 매년 은 25만 냥과 비단 25만 필을 지불한다는 것 등으로, 남송으로서는 대단히 굴욕적인 조약이었다.

그 후 많은 연극과 소설 속에서 진회는 금나라에 남송을 팔아먹은 악한으로 등장하며 극단적인 증오의 대상이 되었다. 이와 반대로 끝까지 금나라 군대와 싸울 것을 주장했던 악비는 한족(漢族)의 영웅으로 미화되어 지극한 경애의 대상이 되었다.

주자학과 남송의 문화

　북송이 주변 이민족과 평화를 유지하는 대가로 막대한 보상금을 지불했던 것처럼, 남송 또한 엄청난 대가를 치르고 여진족인 금나라와 공존하는 길을 택했다. 어쨌든 이 때문에 남송과 금나라는 유목 국가인 몽골이 강대해질 때까지 약 100년간 화평을 누릴 수 있었다.

　그 사이 남송의 수도 항주는 상업이 발전하여 북송 시대의 수도 개봉에 뒤지지 않게 번성했고, 설화를 중심으로 하는 민간 예술도 풍성해졌다. 설화인의 대본을 바탕으로 쓰인 단편 소설인 '화본소설(話本小說)' 가운데 현재까지 남아 있는 것 중에는 항주를 무대로 한 작품이 많다.

　남송의 학술 문화를 거론할 때 꼭 기억해야 할 점은, 이 시대에 유학을 집대성하여 정치 체계를 수립한 주자학(朱子學)이 확립되었다는 사실이다. 주자(朱子, 본명은 주희朱熹. 1130~1200)가 확립한 학문 체계는 『논어(論語)』, 『맹자(孟子)』, 『대학(大學)』, 『중용(中庸)』의 '사서(四書)'를 중심으로 정연하게 짜여 있다. 주자는 잡념과 욕망을 제거함으로써 '격물치지(格物致知)'하는 것을 중시한다. 곧 자신의 밖에 있는 사물에 대해 하나하나 그 이치(理)를 규명하여 그에 대한 앎(知)을 획득하는 것이 중요하다는 것이다. 주자는 이 '격물치지'를 출발점으로 하여 수신(修身), 제가(齊家), 치국(治國), 평천하(平天下)에 이르는 것이 바로 자기를 완성하고 남을 다스리는 방법이라고 말한다. 주자학은 우주론까지 포함하는 아주 거대한 사상 체계였지만, 후세에는 질서와 윤리를 중시하는 금욕적인 부분만 강조되어 오랫동안 지배층의 논리로서 타인을 압박하는 강제력을 갖게 되었다.

주자가 활약했던 12세기 후반에는 시단도 활기를 띠어 육유(陸游, 1125~1210), 범성대(范成大, 1126~1193), 양만리(楊萬里, 1127~1206) 등 훌륭한 시인들이 배출되었다. 특히 계속 금나라와 싸울 것을 주장한 주전파였던 육유는 그 격정적인 시풍 덕에 훗날 '애국 시인'으로 불린다.

한편 남송 말기에 이르면 사대부 지식인뿐만 아니라 민간에서도 시를 짓는 사람들이 늘어나, 시가 대중화되기 시작했다. 이러한 풍조 속에서 거리의 시인과 향촌 시인의 입문서 역할을 하는 시 선집들이 편찬되었다. 1250년(순우 淳祐 10년) 주필(周弼)이 편찬한 당나라 시 선집인 『삼체시(三體詩)』는 그 가운데 가장 널리 유포된 것이다. 이 『삼체시』는 에도 시대 일본에서도 널리 읽혔다.

금과 남송의 멸망

12세기 후반 남송과 금나라가 강화 조약을 맺고 평온한 나날을 보내던 무렵, 몽골 초원에서는 한 영웅이 탄생했으니 바로 칭기즈 칸(원나라 태조太祖, 1162?~1227)이다. 1206년 몽골의 전 부족을 통일한 칭기즈 칸은 사방으로 뻗어 나가 맹렬한 군사 행동을 개시했다. 1215년 칭기즈 칸은 금나라의 수도인 중도(中都, 지금의 북경)를 함락하고, 그 4년 뒤인 1219년부터 대군을 이끌고 서방 정벌에 나서 40개에 달하는 나라를 멸망시키며 유럽 동쪽까지 도달했다. 그러나 총 7년에 걸친 서방 정벌에서 돌아온 뒤 얼마 지나지 않아 칭기즈 칸은 죽고, 그 뒤를 이어 즉위한 아들 오고타이(원나라 태종太宗, 재위 1229~1241)가 1234년 가까스로 명맥을 유지하고 있던 금나라까지 완전히 멸망시켰다.

금나라 시인으로 유명한 원호문(元好問, 1190~1257)은 45세 때 조국의 멸망과 맞닥뜨렸다. 원호문은 죽을 때까지 23년 동안 몽골 왕조에서 벼슬하지 않고 금나라 유민으로 여생을 보냈다. 사실 원호문의 먼 선조는, 당 왕조와 마찬가지로 돌궐(突厥)계 선비족인 탁발씨(拓跋氏)였다. 그러나 오랜 역사 속에서 원호문의 가문은 완전히 한족에 동화되었다. 그런 점에서 볼 때 틀림없는 한족이었던 원호문이 여진족의 금 왕조에 충성을 다했다는 사실이 언뜻 이상해 보이기도 한다. 하지만 조상 대대로 금나라 지역에서 살아온 집안 내력이 있기에, 원호문 또한 금나라 사람이 다 되었던 것은 아닐까 추측해본다. 또한 여진족의 금나라가 과거제를 실시하여 한족 중에서도 많은 관리를 채용하는 등, 일찍부터 한족의 문화와 제도를 도입해 국가를 운영했던 것도 원호문 같은 사람을 낳은 토양이 되었을 것이다.

원호문은 망국의 비참함을 선명하고 강렬하게 그린 훌륭한 시를 많이 남겼다. 후대에 청나라 학자 조익(趙翼, 1727~1812)은 「제유산(題遺山)」(유산遺山은 원호문의 호)이라는 시에서 원호문의 작품과 생애를 단적으로 이렇게 표현했다.

국가의 불행은 시인의 행복이니 (國家不幸詩家幸)
세상 격변 읊조릴 때면 시구 더욱 절묘했네 (賦到滄桑句便工)

여기서 "국가(國家)의 불행은 시인(詩家)의 행복"이라는 구절은 시인의 얄궂은 운명을 적절히 표현한 관용구로서 이후에도 종종 인용되고 있다.

금나라가 멸망한 후 몽골의 칼날은 자연히 남송으로 향했다. 하지만 몽골 내부에서는 오고타이가 죽은 뒤 후계자 자리를 둘러싸고 치열한 권력 투쟁이 벌어지고 있었기 때문에, 남송은 금나라가 멸망한 후에도 45년간 그럭저럭 버틸 수 있었다. 남송의 숨통을 완전히 끊어놓은 사람은 이 권력 투쟁에서 승리해 몽골의 왕자(王者)가 된 쿠빌라이(원나라 세조世祖, 재위 1260~1294)였다. 1274년 쿠빌라이는 남송을 향해 전면적인 공격을 개시했다. 그 2년 뒤 수도 항주가 함락되고 남송 왕조는 사실상 멸망했다. 그 후 남송 왕조의 일족이 또다시 망명 정권을 세웠지만, 몽골 군대의 집요한 추격을 받아 이리저리 떠돌던 끝에 1279년 섬멸되고 말았다. 이리하여 한족이 이민족의 침입을 피해 강남으로 이주해 세웠던 제한적인 정권 남송은 153년의 역사를 마쳤다.

 금나라의 멸망이 망국의 절창을 남긴 시인 원호문을 낳은 것처럼, 남송의 멸망은 굴하지 않는 기개를 지닌 저항 시인 문천상(文天祥, 1236~1282)을 탄생시켰다. 남송 말기에 재상을 지냈던 문천상은 항주가 함락된 뒤에도 유격전을 계속하다 1278년 몽골 군대에 사로잡혔다. 그리고 다음 해 남송이 멸망하자, 원나라 수도인 대도(大都, 지금의 북경)로 호송되어 감옥에 갇혔다. 문천상은 옥중에 있는 3년 동안 누누이 항복을 권유받았지만, 끝까지 완강하게 거부하다 결국 처형되고 말았다. 인구에 널리 회자(膾炙)되는 장편시 「정기가(正氣歌)」는 문천상이 이 옥중에서 쓴 작품이다.

금나라의 원호문과 남송의 문천상. 각자의 방식으로 적국에 굴복하기를 거부했던 두 망국 시인의 비애를 뒤로 한 채, 1279년 남송을 완전히 멸망시킨 쿠빌라이의 원 왕조는 명실 공히 중국 전역을 통일하게 되었다.

양명학의 창시자 왕양명
(『중국역대명인도감(中國歷代名人圖鑑)』)

제6장
「산 속 도적은 깨트리기 쉬워도 마음속 도적은 깨트리기 어렵다」
—— 능란하게 고사성어를 구사한 사람들

1 야율초재와 왕양명

원 왕조의 주역

몽골 족의 원(元)나라(1279~1368)가 중국 전역을 통일하기까지의 숨은 주역은 야율초재(耶律楚材, 1190~1244)였다. 야율초재는 오대(五代) 말기 이래 하북 성에서 산서 성에 걸친 중국 북부 일대의 연운(燕雲) 16주(州)를 점거했던 거란족(契丹族)의 요(遼)나라(916~1125) 일족이었다. 요나라가 금(金)나라에 멸망당한 때로부터 65년 뒤에 태어난 야율초재는 1206년 17세가 되던 해, 금나라의 과거 시험에 합격하여 관리가 되었다. 1215년 몽골 군대의 공격을 받아 금나라 수도 중도(中都)가 함락되자, 야율초재는 그곳에 계속 머물면서 성을 지켰다. 그로부터 3년 뒤, 뛰어난 인재라는 야율초재에 대한 소문을 들은 칭기즈 칸은 그를 불러들여 직접 보고는 대단히 마음에 들어 했다. 이를 계기로 야율초재는 칭기즈 칸을 섬기게 되었다.

야율초재는 1219년부터 시작된 칭기즈 칸의 서방 정벌에도 동행해 항상 적절한 조언을 함으로써 그의 두터운 신뢰를 받기에 이르렀다. 종종 아들인 오고타이에게 "이 사

야율초재(『중국역대명인도감(中國歷代名人圖鑑)』)

람은 하늘이 우리 집안에 내려준 인물이다. 너는 앞으로 국정을 전부 이 사람에게 맡겨라"라고 당부했을 정도였다. 칭기즈 칸이 얼마나 야율초재를 신뢰했는지 알 수 있는 대목이다.

1227년 칭기즈 칸이 죽고 오고타이(원나라 태종太宗, 재위 1229~1241)가 후계자가 되었을 때도 야율초재는 온 힘을 다해 그를 섬겼다. 오고타이가 즉위해 금나라를 멸망시키고 그 영역을 통치하게 되자, 야율초재는 걸핏하면 약탈과 학살을 일삼던 몽골 군대의 악습에 제재를 가해 백성들의 생명과 재산을 지켰다. 동시에 행정·경제 기구를 정비하여 나라의 기반을 공고히 했다.

야율초재는 오고타이의 최측근에서 언제나 절묘하고 시기적절한 조언을 했다. 예를 들면 행정 기구를 정비하고 유지하기 위해서는 유학에 조예가 깊은 문관인 유신(儒臣)이 필요함을 설득할 때, 야율초재는 다음과 같은 말을 했다.

"그릇을 만들려는 자는 반드시 훌륭한 장인을 써야 하고, 나라를 유지하려는 자는 반드시 유학에 조예가 깊은 신하를 써야 합니다. (制器者, 必用良工. 守成者, 必用儒臣)"

이 표현은 앞서 소개한, 당나라의 신하 위징이 태종에게 했던 창업이 수성난(創業易, 守成難), 곧 "창업은 쉽지만 수성은 어렵다"라는 말을 부연한 것이다. 또한 숙손통(叔孫通)이라는 신하가 한나라의 고조 유방에게, 유학에 조예가 깊은 사람은 앞에 나서 일을 벌이는 데는 적합하지 않지만 유지하는 데는 적합하다고 했던 말까지도 거슬러 올라갈 수 있겠다. 오고타이는 야율초재의 말을 새겨들어 과거(科擧)와 비슷한 관리 등용 시험을 실시했다고 한다.

금나라 유민으로 살던 원호문은 이러한 야율초재의 적극적인 인재 등용 방침에 기대를 걸고, 그에게 편지를 보내 수십 명의 금나라 출신자들을 추천했다. 금나라 관리에서 몽골 왕조의 중신으로 변신한 야율초재와, 스스로는 벼슬하지 않고 금나라 유민으로 살면서도 동료와 후배들을 몽골 왕조에 추천했던 원호문. 그 둘은 각기 다른 방식으로 격동하는 시대를 마주 보며 최대한 성실하게 살았던 것이다.

야율초재가 오고타이를 설득했던 표현 중에는 그 밖에도 함의가 풍부한 명언들이 많았다. 이를테면 거금을 헌납해 특권을 얻고자 하는 사람은 국가에 결국 하가 되므로 단속해야 함을 제의할 적에 야율초재는 이렇게 갈했다.

"한 가지 이익을 내는 것은 한 가지 해악을 제거하는 것만 못하고(興一利, 不若除一害) 일을 한 가지 늘리는 것은 일을 한 가지 줄이는 것만 못합니다. 사람들은 분경 반초(班超)가 했던 말을 그저 평범하게 생각하겠지만, 그것은 천년 뒤에 자연히 탁월한 주장으로 판가름이 날 것입니다."

이 말은 물론 앞서 3장에서 이야기했던, 후한 시대 반초가 서역도호부(西域都護府) 후임이었던 임상에게 남긴 수청무대어(水淸無大魚), 곧 "물이 너무 맑으면 큰 물고기가 살지 않는다"는 말을 부연한 것이다. 언뜻 생각하면 소극적으로 보이는 방법을 택하는 것이 결국 위험 부담을 줄여 상황을 안정시키는 데 도움된다는 것을, 야율초재는 강조했던 것이다.

또한 야율초재는 술을 무척 즐기던 오고타이에게 주의를 주면서 술 주전자의 부식된 금속 주둥이를 가리키며 이렇게 말했다.

"이 철은 술 때문에 부식되어 이 지경에 이르렀습니다. 하물며 사람의 내장이 손상되지 않을 수 있겠습니까?(此鐵爲酒所蝕, 尙致如此. 況人之五臟, 有不損耶?)"

이 말을 들은 오고타이는 이후 술을 삼가게 되었다고 한다. 사실 이 표현은 위·진 시대 명사들의 일화 모음집인 『세설신어』「임탄편(任誕篇)」에 나오는, 어떤 사람이 술고래를 경계하면서 "술집의 술 항아리를 덮는 천이 나날이 너덜너덜해져 가는 것을 봐라"고 했다는 이야기를 부연한 것으로 보인다.

이렇듯 지금까지 살펴본 야율초재의 명언들에는 모두 전례가 있다는 공통점이 있다. 이 사실은 그가 각종 고전에 통달한 수준 높은 교양인이었다는 것을 보여줌과 동시에, 후대로 내려오면서 고사성어를 능란하게 구사하는 표현 방법이 널리 퍼져 갔음을 짐작케 한다.

오고타이와 일심동체가 되어 몽골 왕조의 기반을 충실히 하는 데 공헌했던 야율초재도, 오고타이가 죽고 나자 정권의 핵심에서 배제되었다. 그 때문에 야율초재는 1244년 결국 울분을 토하다시피 하며 세상을 떠났다. 이때 그의 나이 55세였다.

속문학의 성숙

몽골 족의 원나라가 명실 공히 중국 전역을 통일한 것은 오고타이의 조카 쿠빌라이 대인 1279년, 야율초재가 죽은 때로부터 35년 뒤의 일이다.

쿠빌라이 곧 원나라 세조(世祖, 재위 1260~1294)는 중국을 지배하면서 모든 관료 기구의 상층부에 몽골인을 배치하는 등 몽골 우선 원칙을 굳게 지켰다. 행정과 재정 기구 및 제도에 있어서도 철저하게 몽골 고유의 방식을 고집했다. 이런 정책은 순순히 한족의 문화와 제도에 동화되어 원래의 색깔을 잃어버렸던 원나라 이전의 이민족 정복 왕조, 곧 거란족의 요나라나 여진족(女眞族)의 금나라와는 완전히 다른 것이었다. 세조는 원나라에 거주하는 사람들을 최상급의 몽골인, 제2급의 색목인(色目人), 제3급의 한인(漢人), 제4급의 남인(南人), 이렇게 4등급으로 구분했다. 제2급의 색목인은 몽골인을 제외한 다른 이민족, 제3급인 한인은 금나라의 지배 아래 있던 화북 지방의 한족, 제4급인 남인은 남송 영역에 거주하고 있던 강남의 한족을 가리킨다. 원나라 시대를 통해 가장 멸시를 당했던 것은 바로 이 최하층에 속한 남인들이었다.

몽골의 방식을 고집했던 원나라에서는 송나라 시대에 정비되었던 과거제도 폐지와 부활을 거듭하여, 거의 제도로서 기능을 발휘하지 못했다. 따라서 전통적인 학식과 교양을 지닌 '한인'과 '남인' 출신 사대부(士大夫) 지식인들은 사회에 진출하는 것은 물론 생계를 꾸리기도 곤란한 상황으로 내몰렸다. 이리하여 그들 가운데서 전통적인 시와 문장만을 중시하는 기존의 지식인이라면 거들떠보지도 않았을 대중문화 분야에서 전적으로 활로를 찾는 사람들이 속속 나타나, 대중적인 희곡(戲曲)이나 설창(說唱)의 대본을 쓰기도 했다. 실력 있는 문인들이 희곡과 소설 등 통속 문학 장르에 손을 댄 결과, 그 수준이 비약적으로 발전

할 수 있었다.

원나라 시대에는 '원곡(元曲)'이라 불리는 희곡이 문학의 주요 장르를 차지했다. 관한경(關漢卿), 정덕희(鄭德輝), 백인보(白仁甫), 마치원(馬致遠) 이 네 명의 대가를 비롯, 우수한 극작가들이 출현해 숱한 걸작들이 탄생했다. 또한 원나라 말기가 되면 설창을 모태로 한 『서유기(西遊記)』, 『수호전(水滸傳)』, 『삼국지연의(三國志演義)』 등 백화(白話)로 쓰인 장편 소설도 점차 형태를 갖추게 되었다. 이처럼 통속 문학의 성숙도가 단숨에 높아지게 된 것은 몽골 왕조가 한족을 압박하면서 나온 뜻밖의 부산물이었다고 하겠다.

원 왕조의 멸망

원래 칭기즈 칸의 자손들은 후계자가 되기 위한 격렬한 다툼을 거듭해왔다. 원나라가 성립한 후에도 이러한 악습은 전혀 나아지지 않았다. 세조 쿠빌라이의 손자인 제2대 황제 성종(成宗, 재위 1294~1307)의 사후에는 황제가 죽을 때마다 극렬한 후계 다툼이 일어나, 원 왕조는 순식간에 통치력을 잃게 되었다.

그 결과 14세기 중반에는 사회 불안이 격화된 데다, 황하의 범람이라는 천재(天災)와 몽골의 지배 정책에 대한 반발 같은 악조건까지 겹쳐서, 중국 각지에서 민간 종교인 백련교(白蓮敎) 신자를 중심으로 민중 반란이 일어나기에 이르렀다. 이렇게 천하에 동란의 조짐이 싹트던 무렵인 1351년 황하의 터진 둑을 보수하기 위해 인부 15만 명을 동원하자, 하남(河南) 지역을 중심으로 한 소규모 민중 반란이 '홍건(紅巾)의 난'이라 불리는 대반란으로 순식간에 확대되었다.

원나라를 멸망시키고 명(明) 왕조(1368~1644)를 세운 주원장(朱元璋) 곧 홍무제(洪武帝, 재위 1368~1398)는 이 홍건의 난이라는 시대의 소용돌이 속에서 단번에 황제의 자리까지 오른 인물이다. 주원장은 1356년에 집경(集慶, 현재 강소 성 남경 시)을 빼앗아, 그 이름을 응천부(應天府)로 고치고 군사 정권을 수립했다. 그 후 11년에 걸쳐 강남 각지에 근거를 둔 홍건군의 우두머리들을 차례로 타도하여 1367년 중국 남부를 제패하기에 이르렀다. 그리고 바로 다음 해에 즉위하여 응천부를 수도로 한 명나라를 세우고 연호를 홍무(洪武)로 고쳤다.

기세가 오른 홍무제가 대군을 이끌고 북쪽으로 진격하여 원나라 수도인 대도(大都)를 함락함으로써, 명실상부하게 원나라를 멸망시키고 천하를 통일한 것은 즉위한 다음 해인 홍무 2년 즉 1369년의 일이었다. 결국 초원의 영웅 칭기즈 칸을 시조로 하는 몽골 왕조 원나라가 중국 전역을 지배한 것은 겨우 89년간에 지나지 않았다.

명 왕조의 성립과 퇴폐

1368년 즉위한 명나라의 홍무제는 31년에 이르는 재위 기간 중에 점차 잔혹한 독재자가 되어갔다. 명 왕조 창업의 공신들을 이런저런 죄목으로 숙청함으로써, 황제의 독재 체제를 확립했던 것이다. 그러다 1398년 홍무제가 죽자마자 일대 파란이 일어났다.

홍무제의 후계자가 된 손자 건문제(建文帝, 홍무제의 사망한 장남의 아들. 재위 1398~1402)의 즉위와 동시에 그 측근들이 중국 각지를 다스리던 홍무제의 아들들을 제거하고자 꾀했던 것이다. 1399년(건문建文 원년) 이전의 원나라 수도였던 대도에 거점을 둔 연왕(燕王) 주체(朱棣, 홍무제의 넷째 아들이자 건문제의 숙부)는 이런 건문제 측의 움직임에 반발해 병사를 일으켰다. 3년에 걸친 내전 끝에 수도 남경은 함락되고 건문제의 생사마저 알 수 없는 상황이 벌어졌다. 이 '정난(靖難)의 변'을 통해 주체가 즉위해 명나라 제3대 황제인 영락제(永樂帝, 재위 1402~1424)가 되었다. 영락제는 1421년 남경에서 자신의 근거지인 옛 대도 곧 북경으로 수도를 옮겼다.

영락제는 다섯 차례나 몽골 고원으로 원정을 떠나 명나라 영토를 확장했고, 환관(宦官)이기는 해도 대단히 유능했던 정화(鄭和, 1371~1434)를 대장으로 함대를 파견해 일곱 차례나 세계 각국을 도는 항해를 감행하는 등 무척 통이 큰 인물이었다. 반면 그는 조카인 건문제를 없애고 황제 자리를 빼앗은 부담 때문에, 관료들을 믿지 못하고 환관을 중용하기도 했다. 영락제부터 시작된 이 환관 중용 정책은 대를 거듭할수록 점점 더 확대되어, 명나라가 쇠망하게 된 가장 큰 원인이 되었다.

명나라에 쇠망의 조짐이 확연하게 나타나기 시작한 것은 16세기 초에 즉위한 제11대 황제 정덕제(正德帝, 재위 1505~1521) 이후였다. 정덕제를 시작으로 제12대 황제 가

정제(嘉靖帝, 재위 1521~1566), 제14대 황제 만력제(萬曆帝, 재위 1572~1620)는 하나같이 모두 무능하고 향락적인, 형편없는 지도자들이었다. 그들이 재위한 100여 년 사이에 명나라는 완전히 퇴폐했다.

오중의 사재와 왕양명

황제를 중심으로 한 중앙 정부의 퇴폐 및 혼란과는 별도로, 명나라에서는 15세기에서 16세기에 걸쳐 상업이 발달하여 도시들이 전례 없는 번영을 누리는 등 엄청난 사회 변화가 일어났다. 이러한 변화에 호응하여 사대부 지식인 가운데서도 기존과는 다른 생활 태도와 사고방식을 가진 사람들이 나타났다.

15세기 말에서 16세기 전반에 이르는 명대 중기, 강남의 큰 상업 도시 소주(蘇州)에서는 오 지방 출신의 재주가 뛰어난 네 사람 곧 '오중사재(吳中四才)'라 불리는 문인 집단이 나타났다. 바로 축윤명(祝允明, 1460~1526), 당인(唐寅, 1470~1523), 문징명(文徵明, 1470~1559), 서정경(徐禎卿, 1479~1511)이다. 젊은 나이에 죽은 서정경을 제외한 나머지

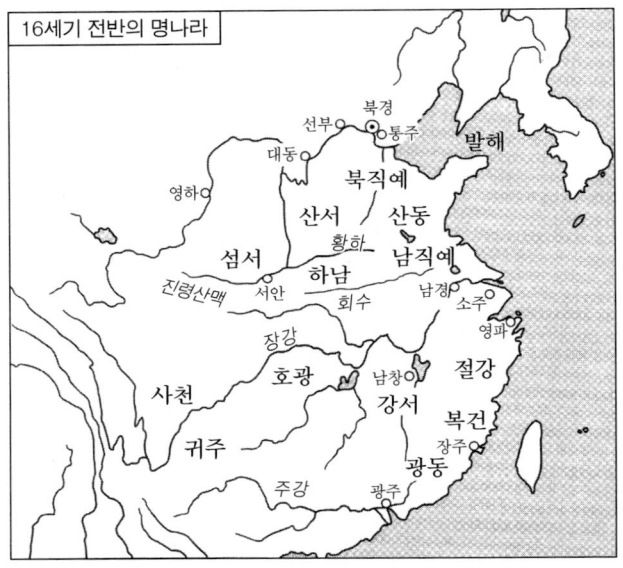

세 명은 소주 지방의 문화적 지도자로서 시, 서예, 회화 어느 분야에서나 뛰어난 재능을 발휘하며 자유로운 문인 생활을 즐겼다.

사실 이 세 사람은 풍부한 교양을 익혔지만 정작 과거 시험에는 합격하지 못했다. 특히 당인은 여러 단계의 예비 시험을 통과했지만, 수도 북경에서 실시되는 최종 시험인 회시(會試)에서 부정 사건에 휘말려 낙제하는 바람에 과거 시험 자격을 영구히 박탈당하고 말았다. 이후 당인은 고향 소주로 돌아와 강남에서 제일가는 풍치 있고 멋스러운 남자라는 뜻의 '강남제일풍류재자(江南第一風流才子)'라는 도장을 만들었다. 이후 주문을 받아 시문과 서화를 제작해주고 그 대가로 자립 생활을 하는 문인으로 살아갔다. 바로 '시은(市隱, 도시의 은자)'으로서 인생을 즐겼던 것이다. 오중사재의 다른 두 사람, 축윤명과 문징명도 거듭되는 과거 낙방의 고달픈 경험을 뒤로 하고 각각 위대한 시은 문인으로 생애를 마쳤다.

송나라 이래로 오랫동안 중국의 사대부 지식인들은 과거에 합격해 고급 관료가 되는 것만이 유일한 이상적 생활 방식이라고 믿어왔다. 그런 점에서 명나라 중기에 이르러 오중사재처럼 관료 지향주의를 떨쳐 버리고 자유로운 생활 방식을 추구한 사람들이 출현했던 것은 획기적인 사건이었다고 할 수 있겠다.

소주를 무대로 오중사재가 활약하던 무렵, 철학과 사상 분야에서도 큰 별이 출현했다. '양명학(陽明學)'의 창시자 왕양명(王陽明, 1472~1528)이다. 왕양명의 본명은 수인(守仁)이며, 28세에 과거에 합격해 관리 생활을 시작했다. 그는 군사적 재능이 뛰어나서 여러 반란을 평정하여 마지막에는 남경의 병부상서(兵部尙書, 지금의 국방부 장관)에까지 올랐다. 강인하고도 정열적인 기질의 소유자였던 왕양명은 원래 주자의 '격물치지'의 설을 진지하게 실천하고자 했지만, 곧 만물의 이치를 하나하나 끝까지 탐구하는 것은 불가능하다는 것을 뼈저리게 깨달았다. 이후 필사적으로 사색을 거듭한 결과, 독자적인 주장을 세우기에 이르렀다.

왕양명의 사상은 궁극적으로 마음 밖에 있는 사물의 이치를 구하고자 했던 주자와는 달리, '심즉리(心卽理)' 곧 어디까지나 자신의 마음속에 있는 이치를 기본으로 삼는다. 또한 앎의 정의에 있어서도, 주자가 외부 사물에 관한 지식이라고 규정한 데 반해 왕양명은 각 개인이 타고난 앎의 능력인 '양지(良知)'가 완전히 실현되는 것 곧 '치양지(致良知)'라고 주장했다. 양명학의 기본 이념으로 잘 알려진 '지행합일(知行合一)'은 양지가 완전히 실현된 경우, 곧 인식과 실천의 통합을 가리킨다.

조금 복잡한 얘기지만, 요컨대 왕양명은 '이(理)'와 '지(知)'를 바깥 사물이 아니라 어디까지나 인간의 마음속에서 구하고자 했던 것이다. 이러한 왕양명의 사고방식은 사대부 지식인의 완고한 관료 지향주의를 한바탕 웃음으로 넘겨버리고, 그저 마음 가는 대로 자유롭게 살았던 오중사재와 근본적인 공통점이 있다. 왕양명은 『전습록(傳習錄)』 상편에서 "근원 없는 널따란 연못이 되기보다, 원천이 있어 끊임없이 솟아나는 작은 우물이 되는 게 낫다"고 토로하면서 사색을 심화해갔다. 그는 또 "산 속의 적은 깨트리기 쉽지만, 마음속의 적은 깨트리기 어렵다"고도 했다. 이 '파산중적이 파심중적난(破山中賊易, 破心中賊難)'이라는 명구는 마음을 다스리는 수양의 어려움을 절묘하게 표현하고 있다. 모두 끊임없는 수련으로 강인한 정신을 갖춘 왕양명 같은 인물에게서 나올 법한 표현이다.

명의 멸망

16세기 후반부터 17세기 전반 명나라 말기에 이르면, 양명학의 영향이 문학 장르에까지 미쳐 새로운 문학관이 부상한다. 먼저 왕양명의 사상을 이어받은 '왕학좌파(王學左派)'의 선두 이탁오(李卓吾, 1527~1602)는 기존에 경시되어 온 통속 문학, 그중에서도 백화 소설인 『수호전』과 희곡인

『서상기(西廂記)』를 극찬하고, 유교 경전인 『논어』와 『맹자』를 적나라하게 비판했다. 기존의 문학적 가치관을 뒤집어엎는 이탁오의 이러한 주장은 이후 '중국의 셰익스피어'로 불리는 대극작가 탕현조(湯顯祖, 1550~1616), 그리고 '삼언(三言)'으로 통칭되는 3부작 백화 소설집의 편자인 풍몽룡(馮夢龍, 1574~1646) 등 명나라 말기의 많은 문인들에게 지대한 영향을 끼쳤다.

그와 동시에 명나라 말기에는 사대부 지식인들 사이에서도 전통적인 가치관에 구애받지 않고 자유로운 생활 방식을 추구하는 사람들이 속속 등장했다. 하지만 이미 때는 늦어, 무능한 황제와 그를 둘러싼 환관 및 악덕 관료로 인해 부패할 대로 부패한 명나라는 허망하게 멸망하고 말았다. 1644년 이자성(李自成)이 이끄는 유민 반란군인 유적(流賊)이 수도 북경을 점령하자, 명나라 최후의 황제 숭정제(崇禎帝, 재위 1627~1644)가 궁지에 몰린 나머지 자살을 선택했던 것이다. 하지만 이자성은 단순히 새로운 무대를 여는 역할만을 담당했을 뿐이다. 곧이어 이자성을 몰아낸 만주족(滿洲族)의 청나라 군대가 중국 전역의 지배를 목표로 군사를 일으켰다. 이로써 오랜만에 성립한 한족 왕조인 명나라의 통일천하는 275년 만에 끝이 났다.

2 최후의 왕조

청 왕조와 강남 지식인

　청나라(1644~1911)를 세운 만주족은 일찍이 금나라를 세웠다가 몽골족의 원나라에 쫓겨났던 여진족과 같은 계통의 민족이다. 16세기 후반, 여진족의 자손 가운데서 영웅 누르하치(청나라 태조太祖, 1559~1626)가 출현했다. 그는 분열 상태에 있던 여진족을 통합하고 1616년(만력萬曆 14년)에 후금(後金) 왕조를 세웠다. 누르하치는 10년 뒤 명나라 군대와의 전투 도중 전사했지만, 그 뜻을 이어받은 아들 홍타이지(청나라 태종太宗, 1592~1643) 대에 이르러 후금의 세력은 더욱 강화되었다. 홍타이지는 1636년(명나라 숭정崇禎 9년)에 국호를 '청(淸)'으로 고치고, 여진이라는 민족 이름을 만주족으로 바꿨다. 이러한 개명(改名)의 이면에는 몽골족에 내쫓겼던 민족의 쓰라린 기억을 지워버리고 중국 전역을 지배하고자 했던 홍타이지의 패기와 야심이 숨어 있었다.

하지만 그 역시 중국 본토로 통하는 요충지인 산해관(山海關)을 끝내 함락시키지 못하고 1643년(명나라 숭정 16년)에 사망했다.

청나라 군대가 산해관을 돌파한 뒤 중국 본토로 진격하여 이자성을 축출하고 명나라 수도 북경을 제압한 것은 그 다음 해, 홍타이지의 뒤를 이은 아들 순치제(順治帝, 재위 1643~1661) 때의 일이다. 다만 순치제는 즉위 당시 겨우 6살이어서, 실제로 청나라 군대의 본토 진격 작전을 수행했던 사람은 홍타이지의 동생, 곧 순치제의 유능한 숙부인 도르곤이었다.

북경을 점령한 청나라 군대는 화북 지방을 제패하자마자 곧바로 강남을 향해 진격했다. 강남은 원래 명나라의 모든 악의 근원이라 할 수 있는 환관파와 격렬하게 대립했던, 양심파 관료 집단인 동림당(東林黨) 지식인의 근거지였다. 17세기 초반에 동림당 자체는 환관파의 탄압을 받아 무너졌지만, 이후 그 뜻을 이어받은 문학 및 정치 결사인 '복사(復社)'와 '기사(幾社)'가 결성되어 강남 지식인들 사이에서 폭넓은 지지를 받았다. 명나라 말기의 정치적 부패를 비판했던 이 강남 지식인층이 청나라의 공세에 저항하며 반청(反淸) 운동의 중심을 이루고 있었다.

하지만 강남 지역의 반청 운동도 두드러진 성과를 거두지는 못했다. 강남 각지에서 명 왕조의 일족을 추대한 '남명(南明)'이라 불리는 반청 정권이 차례로 탄생했지만, 어느 하나 오래 가지는 못해서 반청 세력을 결집할 수 없었기 때문이다. 따라서 만주족의 청나라는 곧 별다른 어려움 없이 강남을 평정하고 중국 전역을 통일하는 데 성공했다.

하지만 청나라가 중국을 통일한 뒤에도 끝까지 명나라 유민(遺民)으로 살다 생애를 마친 사람도 상당수 존재했다. 청나라 시대에 확립된 치밀한 고증학(考證學)의 시조로 손꼽히는 대학자 고염무(顧炎武, 1613~1682)도 그중 한 사람이었다.

고염무는 앞서 언급한 문학 및 정치 결사인 복사의 구성원으로서 명나라 멸망 후 반청 운동에 참가했지만, 급변하는 시대의 흐름을 막기는 불가능했다. 하지만 고염무는 청나라가 중국 전역을 통일한 뒤에도 정복 왕조에서 벼슬하는 것은 옳지 않다고 여겨, 평생 관직에 나가지 않고 방대한 저서를 발표하며 명나라 유민으로 생애를 마쳤다. 시대의 전환기를 온몸으로 부딪히며 살았던 고염무에게는 "천하를 유지하는 일은 비천한 필부에게도 책임이 있다(保天下者, 匹夫之賤, 與有責焉耳)"라는 신념이 있었다. 이 말은 청나라 말기의 개혁파와 혁명파의 구호가 되어, '국가 흥망 필부유책(國家興亡, 匹夫有責)' 곧 "국가의 흥망은 보통 사람에게도 책임이 있다"는 표현으로 널리 알려졌다.

청의 전성기에 태어난 『홍루몽』

중국 전역의 통일을 이룩한 청나라 제3대 황제 순치제가 1661년(순치 18년)에 24세의 나이로 죽자, 당시 여덟 살이었던 아들 강희제(康熙帝, 재위 1661~1722)가 즉위하여 제4대 황제가 됐다. 강희제는 매우 유능한 황제로 성장했다. 1673년(강희 12년), 그는 한족 출신의 세 장군, 곧 청나라에 투항했지만 청나라가 중국을 지배하는 데 공을 세웠다 하여 그동안 특별 대우를 받아 오던 오삼계(吳三桂), 상가희(尙可喜), 경중명(耿仲明)의 영지를 몰수하기로 결정했다. 오삼계 등이 이에 반발하여 군사를 조직해 '삼번(三藩)의 난'을 일으켰지만, 강희제는 9년에 걸쳐 그것을 완전히 제압했다.

청나라는 삼번의 난을 제압한 후 정세가 안정되어 단숨에 번영을 향해 나아갔다. 청나라의 행정 기구는 기본적으로 명나라의 것을 그대로 가져왔지만, 각 기관의 장관을 만주족과 한족에서 각각 한 사람씩 임명하는 단한 병용제(滿漢倂用制) 같은 독특한 점도 있었다. 이 교묘한 이중 행정 조직은 정복 왕조인 원나라가 몽골 우선 정책을 강행하다 실패했던 전례를 참고해 고안한 것이라 생각된다. 이러한 정책이 효과를 거둬 청나라는 20세기 초까지 260여 년에 걸쳐 중국 전역을 지배했다. 참고로 청나라에서는 장자 우선 계승을 고집하지 않고, 원칙적으로 현 황제의 아들 가운데서 가장 우수한 인물을 황제로 추대했다. 이렇게 우수한 황제가 계속 제위에 오른 것도 소수인 만주족이 압도적 다수인 한족을 오랫동안 지배하는 일을 가능케 했다고 말할 수 있다.

내란을 평정하고 행정 조직을 정비한 강희제와 그 뒤를 이은 제5대 황제 옹정제(雍正帝, 재위 1722~1735), 그리고 제6대 황제인 건륭제(乾隆帝, 재위 1735~1796)까지 삼대 약 130년간이 바로 청나라의 전성기였다.

중국 고전 소설의 최고봉으로 손꼽히는 조설근(曹雪芹, ?

『홍루몽』의 한 장면. 가보옥이 사랑한 미소녀, 임대옥(林黛玉)
(『홍루몽도영(紅樓夢圖詠)』)

~1763)의 『홍루몽(紅樓夢)』이 쓰인 것도 18세기 중엽인 건륭제 시대였다. 조설근의 집안은 증조부인 조새(曹璽) 이래로 삼대에 걸쳐 4명이 남경에 설치된 관용 직물 제조처의 장관인 '강녕직조(江寧織造)' 직을 도맡아왔다. 강녕직조는 대단히 수입이 좋은 관직이었고, 또한 황제의 심복으로서 강남의 정세를 감시하는 임무도 맡고 있었다. 이런 중요한 위치를 세습한 것은 조씨 집안에 헤아릴 수 없을 정도

로 큰 권력과 부를 가져다주었다. 하지만 조씨 집안은 조설근의 조부 조인(曹寅, 1658~1712) 때에 전성기를 맞이했다가 차츰 내리막길로 들어섰다. 급기야 1727년(옹정 5년)에는 공금을 사사로이 썼다는 이유로 전 재산을 몰수당하고 완전히 몰락하기에 이르렀다.

 조씨 가문이 몰락할 당시 열 살 안팎의 소년이었던 조설근은 호화(豪華)롭고 현란(絢爛)한 생활에서 빈곤의 나락으로 떨어지는 극단적인 체험을 하게 되었다. 이후 조설근은 불우한 생활 속에서도 조씨 집안의 영광에서부터 몰락에 이르기까지의 과정을 『홍루몽』이라 이름 붙인 소설 속에서 재구성하는 일에 정열을 쏟았다. 『홍루몽』은 왕조의 창업 공신인 가씨(賈氏) 집안을 무대로, 소녀 숭배자인 소년 가보옥(賈寶玉)과 개성 있는 여러 미소녀들과의 관계를 중심으로 화려하고도 애절한 이야기 세계를 펼쳐간다. 조설근은 사력을 다하여 날마다 『홍루몽』 창작에 몰두했다. 『홍루몽』 제1회에 실린 오언 절구에는 이 소설의 창작에 모든 것을 걸었던 조설근의 심정이 배어나 있다.

  종이 가득 황당한 이야기 (滿紙荒唐言)

한 움큼 괴롭고 쓰라린 눈물일세 (一把辛酸淚)

모두들 작자가 어리석다 말할 뿐 (都云作者痴)

그 누가 안에 담긴 진정한 뜻을 알까 (誰解其中味)

끊임없이 퇴고를 거듭하며 과로한 때문인지 조설근은 『홍루몽』의 전체 120회 가운데 80회까지 마친 시점에서 세상을 떠나고 말았다. 이후 남은 40회는 조설근의 구상을 기반으로 고악(高鶚, 1763~1815)이 이어서 썼다고 한다.

내우외환 속에서

『홍루몽』은 실제 조씨 집안이 아닌 가상의 가씨 집안이 겪은 영광과 몰락을 묘사한 작품이다. 하지만 이 문학적 환상 세계와 기묘하게 호응이라도 한 것일까, 작가 조설근이 병으로 죽은 뒤 각지에서 민중 반란이 일어나는 등 그토록 번영을 자랑하던 건륭제 치세에도 먹구름이 끼기 시작했다. 제7대 황제인 가경제(嘉慶帝, 재위 1796~1820) 대에 와서는 대규모 백련교도(白蓮敎徒)의 난을 시작으로 각지의 민중 반란이 더욱 극성을 부렸다. 이것은 물론 청 왕조의 통치력이 약화되었음을 알리는 신호탄과 같은 것이었다.

국내의 동요에 더하여 제8대 황제 도광제(道光帝, 재위 1820~1850) 시대가 되면 서양세계로부터의 강렬한 충격 이른바 웨스턴 임팩트(Western Impact)를 맞이하게 된다. 특히 아편(阿片)을 밀반입하던 영국과 1840년(도광 20년)부터 2년에 걸쳐 벌인 아편 전쟁에서 패배한 것은, 청나라로서는 하늘이 무너지는 듯한 대사건이었다. 이후 영국과 '남경 조약'을 맺고 홍콩(香港)의 통치권을 넘겨준 것을 시작으로, 청나라는 점차 서구 열강에 조차지(租借地, 한 나라가 다른 나라로부터 빌려 통치하는 영토-역자 주)를 빼앗기는 상황을 맞게 되었다.

게다가 제9대 황제 함풍제(咸豊帝, 재위 1850~1861)가 즉위한 불과 반 년 후에는 홍수전(洪秀全, 1814~1864)이 이끄는 기독교 계열 비밀 결사인 '상제회(上帝會)'가 광서 성에서 봉기했다. 이는 눈 깜짝할 새에 대규모 반란 조직인 '태평천국(太平天國)'으로 확대되어 강남을 혼란의 소용돌이 속으로 몰아넣었다. 함풍제는 '외환(外患, 외국으로부터의 재난)'에다 '내우(內憂, 국내의 해결하기 어려운 문제)'까지 겹쳐 극도로 혼란스러운 정국을 등지고, 불안함을 달래기 위해 향락에 빠져 지냈다. 그 사이, 왕성한 권력욕으로 정치적 야심을 키워오던 황후 서태후(西太后, 1835~1908)가 정치 무대에 등장했다. 함풍제가 사망한 후 치열한 권력 투쟁 끝에 즉위한 동치제(同治帝, 재위 1861~1874)가 바로 서태후의 아들이다.

이후 서태후는 아들인 동치제, 그리고 동치제가 죽은 뒤에는 조카인 광서제(光緒帝, 재위 1874~1908)를 배후에서 조종하며 계속 청 왕조의 실력자로 군림했다. 서태후가 강력한 권력을 틀어쥐고 마음대로 휘두르며 극도의 사치를 부리는 동안, 중국은 외세의 침입으로 갈기갈기 찢겨 돌이킬 수 없는 지경에 이르고 말았다.

이전의 어떤 시대에도 겪어본 적 없는 격동의 전환기에 극도의 위기감을 느낀 지식인들은, 시대에 뒤떨어진 중국을 새롭게 탈바꿈시키고자 적극적으로 외국 문화를 배우려 노력했다. 19세기 말에서 20세기 초에 걸쳐 외국 유학 등을 통하여 다른 선진 문화를 체험한 사람들이 늘어나면서, 방대한 양의 외국 서적이 번역된 것도 그러한 노력이 드러난 결과이다.

일본과의 관련으로 유명한 시인 황준헌(黃遵憲, 1848~1905)도 그런 개혁파(改革派)의 한 사람이었다. 그는 외교관으로서 일본, 미국, 영국, 싱가포르 등 세계 각지에 체류하며 격동하는 세계정세를 직접 목격했다. 황준헌은 광서 3년이자 일본의 메이지(明治) 10년인 1877년부터 1882년까지 일본에 체류한 5년 동안 저명한 일본인들과 교류하며 견문을 넓혔다. 200수에 달하는 칠언 절구를 수록한 『일본잡사시(日本雜事詩)』에는 그가 현장에서 관찰한 메이지 시대 일본의 모습이 생생하게 아로새겨져 있다. 한 예를 들어보자. 일본의 가나 문자(히라가나와 가타카나)가 보기에는 좀 기괴해도 배우고 쓰기 쉽다는 것을 말한 『일본잡사시』 제65수 3·4구는 이러하다.

봄 지렁이 가을 뱀이 온 종이에 꾸물거리는 듯

(春蚓秋蛇紛滿紙)

낭자에게 요사이 안녕한지를 묻네

(問娘眠食近何如)

한자가 읽기도 쓰기도 어려운 데 반해, 가나 문자는 여자나 어린이도 금방 쓸 수 있다는 황준헌의 발견은 한자 간소화가 진행되고 있던 현대 중국의 문자 상황과 상당한 관련이 있다고 생각된다.

　황준헌이 죽은 지 3년이 지난 1908년(광서 34년) 광서제와 서태후가 잇달아 세상을 떠나고, 당시 겨우 세 살이던, 광서제의 조카 선통제(宣統帝) 부의(溥儀)가 즉위했다. 마지막 황제 선통제가 즉위한 지 3년이 지난 1911년에 신해혁명(辛亥革命)이 일어나 청나라는 멸망하고, 다음 해인 1912년 중화민국이 성립되었다. 이리하여 전설의 하(夏)나라에서부터 면면히 이어져 내려온 중국의 왕조 시대는 마침내 역사의 뒤안길로 사라졌다.

후기

 이 책에서 보아왔듯이 신화와 전설의 시대로부터 청 왕조의 멸망에 이르기까지 무수한 고사성어가 생겨나, 중국의 역사를 풍부하게 장식해왔다. 전체적으로 보면 시대가 내려올수록, 중국 사람들은 고사성어를 만들어내기보다도 이미 존재하는 고사성어를 적절한 장면에서 다시 사용하는 데 역점을 두게 되었다. 이 경향은 현대에 이르기까지 변함이 없다.

 예를 들면 현대의 혁명가 모택동(毛澤東, 마오쩌둥)은 연설이건 문장이건 필요할 때마다 고사성어를 인용하여, 청중이나 독자의 이해를 용이하게 만드는 기술이 뛰어났다. 모택동은 전략이나 전술을 언급할 적에는 "상대를 알고 자기를 알면 백 번 싸워도 위태롭지 않다"(제2장 참조)는 고사성어를 인용하며, 힘을 합치고 노력을 거듭하면 어떤 일도 실현할 수 있다고 역설하는 경우에는 "우공이 산을 옮기다"(愚公移山, 우공이라는 인물은 오랜 세월에 걸쳐 자신의 집 앞에

있는 산을 움직이는 노력을 계속했다고 한다)라는 고사를 인용에
끌어오는 것이다. 이는 다름이 아니라 누구라도 잘 알고
있는 고사성어를 인용함으로써 그 자리에 있는 사람들의
공감을 얻고자 하는, 대단히 교묘한 표현 방법이다.

　이러한 고사성어의 뛰어난 이용은 모택동만이 아니라
현재의 중국사회를 살아가는 보통의 사람들에게도 일상
적으로 보이는 것이다. 참으로 중국의 고사성어는 시대를
초월해 살아가고 있다고 할 수 있다.

　일찍이 나는 중국의 고사성어를 중심으로 특정 시대의
흐름이나 양상을 더듬는 짧은 문장을 몇 편 쓴 적이 있었
다. 이를 눈여겨보았던 이와나미서점(岩波書店)의 이노우
에 가즈오(井上一夫) 씨로부터 이러한 형태로 고대부터 근
·현대까지 고사성어로 더듬는 중국사를 써보면 어떠느냐
는 이야기가 있었고, 실제로는 주니어 신서 편집부의 야마
모토 시오미(山本しおみ) 씨가 담당해주게 되었다.

　먼저, 각 시대마다 고사성어를 골라내어 써내려 왔지만,
이것은 상당히 고되면서도 너무나 즐거운 시간이었다. 고
사성어의 출전에 대해서는, 권말의 색인에 기재했기 때문

에 부디 참조하기 바란다. 한편 황제 등의 재위 기간, 인물의 생몰년 등은 중국 연구에서 통용하고 있는 것에 근거하고 있기 때문에, 일반적으로 알려진 바와 다른 경우가 있다.

  이 책이 탄생하는 계기를 만들어주신 이노우에 씨, 편집부터 교정에 이르기까지 적확하고 아울러 세심한 배려를 해주신 야마모토 씨에게 정말로 감사를 드린다.

이나미 리쓰코

역자 후기

중국에 대한 올바른 이해는 근래 우리 사회의 주요한 화두 중 하나일 것이다. 유구한 전통과 문화를 지닌 중국은 접근하기 쉽지 않다는 점에서, 다른 한편으로 중국에 대한 제대로 된 이해가 한국의 현재와 미래에 중요하다는 점에서 이는 참으로 시급한 과제이다.

진지한 관심이 있는 사람이라면 누구라도 느끼듯이, 중국을 알고자 할 때 무엇보다 먼저 그 역사에 대한 기본적인 지식과 이해가 필요하다. 그러나 한반도의 몇십 배에 달하는 지역에서 장구한 세월 동안 전개된 중국사에는 "이십오사(二十五史)"가 상징하듯이 방대한 자료와 문헌이 남아 있으며, 관점과 입장에 따라 다양한 해석이 가능하기에 그에 대한 기본적인 상식조차 갖추기 쉽지 않다. 또한 사람들의 이야기로서의 중국 역사가 수많은 인물들이 활약해온 무대이기에 그 어려움은 더욱 가중될 수밖에 없다.

나아가 중국을 본격적으로 이해하려면 그 기본적인 도

구로서 중국의 언어가 지닌 특성에도 주의를 기울일 필요가 있다. 현재 사용되는 '현대 한어'를 심도 있게 이해하려면 역사적 원천으로서 '고대 한어'와 고문(古文)에 대한 기본적인 소양이 필수적이기 때문이다. 이와 관련해 주목해야 할 현상의 하나가, 중국은 물론 한국, 일본 등을 포함한 전통 동아시아 세계의 공통문어였던 한문과 이를 사용한 문헌에서 보이는 고사성어의 활용이다.

이런 점에서 본서는 매우 흥미롭고 의미 있는 시도라고 하겠다. 중국을 무대로 전개되는 주요 인물들의 생애와 활약을 고사성어로 접근하면서 그들을 통해 역사를 생생하게 보여주기 때문이다. 더불어 저자 이나미 리쓰코의 연륜과 온축에 의한 식견이 곳곳에서 보이는 점도 놓칠 수 없는 감상 포인트라 하겠다. 아쉬운 부분은 명청시대의 비중이 소략한 것인데, 이는 고사성어의 생성과 전개에 주목하는 본서의 입장에서 어쩔 수 없는 한계이기도 하다.

역자들은 이미 2007년에 본서를 국내에 소개한 바 있다. 이번에 새로 출간하면서 여러 이유로 충분히 전달하지 못한 부분을 최대한 보완하고자 하였다. 저자의 지향하는 바에 더욱 부합할 수 있게 되어 기쁘게 생각한다. 또

한 곧이어 출간될 저자의 『기인과 이재의 중국사(奇人と異才の中国史)』를 함께 읽는다면, 상호 보완이 될 것임을 덧붙여둔다.

2018년 2월
옮긴이 이동철, 박은희

중국사 연표

신화와 전설 시대			오제(황제, 전욱, 제곡, 요, 순) 우를 시조로 하는 하 왕조 성립
은 (B.C. 약 1600~1100)			기원전 약 1600 탕왕, 폭군 걸을 멸하고 은을 세움 기원전 약 1100 무왕, 폭군 주를 멸하여 은 멸망
주 (周) B.C. 770~ 256)	서주 (B.C. 약 1100~771)		기원전 약 1100 무왕 즉위, 주 성립. 성왕 즉위, 주공 단 섭정 기원전 771 견융의 침입으로 유왕 살해됨, 서주 멸망
	동주 (B.C. 770~ 256)	춘추 (B.C. 770~403)	기원전 770 평왕, 주 왕조를 부흥시킴(동주 성립) 기원전 679 제 환공, 패자에 오름 기원전 632 진 문공, 패자에 오름 기원전 494 오왕 부차, 월왕 구천 대파 기원전 473 구천, 부차를 멸함
		전국 (B.C. 403~222)	기원전 403 한(韓)·위(魏)·조(趙), 제후에 오름 기원전 359 진(秦) 효공, 상앙의 변법을 채택 기원전 256 진(秦) 소양왕, 동주를 멸함
진(秦) (B.C. 221~206)			기원전 221 시황제 천하 통일, 진(秦) 제국 성립 기원전 213 분서 기원전 212 갱유 기원전 210 시황제 사망 기원전 207 조고, 2세 황제 살해하고 공자 영을 즉위시킴
전한 (B.C. 202~A.D. 8)		건원 1 원삭 2	기원전 202 유방(고조), 항우를 멸하고 즉위(한 성립) 기원전 195 고조 사망, 여후가 실권을 장악 기원전 154 오초칠국의 난 기원전 141 무제 즉위(재위 ~기원전 87) 기원전 140 원호 창설 기원전 127 위청, 흉노 토벌 기원전 74 선제 즉위(재위 ~기원전 49)

신 (8~23)	초시 1	8 왕망, 전한을 멸하고 즉위(신 성립)	
	지황 4	23 왕망 사망, 신 멸망	
후한 (25~220)	건무 1	25 유수(광무제) 즉위, 후한 성립	
	영평 16	73 반초, 서역 원정 개시	
	원흥 1	105 채륜, 종이 발명	
	연희 9	166 제1차 당고의 화	
	건녕 2	169 제2차 당고의 화	
	중평 1	184 황건의 난 발발	
	중평 6	189 동탁의 난 발발	
	건안 5	200 조조, 관도에서 원소를 격파하고 화북 제패	
	건안 13	208 조조, 적벽에서 손권·유비 연합군에게 패배	
	건안 19	214 유비, 촉 제압	
삼국시대 (위·촉·오) (220~265)	황초 1	220 조비가 후한을 멸하고 즉위(위 성립)	
	황초 2	221 유비, 촉 세움	
	태화 3	229 손권, 오 세움	
	청룡 2	234 제갈량, 오장원에서 전사	
	경원 4	263 촉 멸망	
	태시 1	265 사마염(무제), 위를 멸하고 즉위(서진 성립)	
진(晉) (265~420)	서진 (265~316)	태강 1	280 서진, 오를 멸하고 중국 전역 통일
		영흥 1	304 북방 이민족, 화북 진출 오호십육국(五胡十六國) 시대(~439)
		영가 5	311 영가의 난 발발(~316)
		건흥 4	316 서진 멸망
	동진 (317~420)	건무 1	317 사마예(원제), 건강에서 즉위(동진 성립)
		영창 1	322 왕돈, 무창에서 거병
		태녕 2	324 왕돈 사망
		함강 5	339 왕도 사망, 치감 사망
		영화 9	353 왕희지, 난정의 모임 개최
		태원 1	376 저족의 전진(前秦), 화북 통일
		태원 8	383 사현이 통솔한 동진 군대, 비수에서 전진에 승리
		융안 3	399 손은의 난 발발(~402)
남북조 시대 (420~589)	연호	남조	북조
	영초 1	420 동진 멸망, 유송 성립	439 북위, 장강 이북 통일
	건원 1	479 유송 멸망, 제 성립	534 북위 멸망, 서위·동위 분립
	천감 1	502 제 멸망, 양 성립	550 동위 멸망, 북제 성립

		영정 1	557 양 멸망, 진(陳) 성립	557 서위 멸망, 북주 성립
				577 북주, 북제를 멸하고 화북 통일
				581 양견(문제), 북주를 멸하고 수를 세움
수 (581~618)		개황 9	589 수 문제, 진(陳)을 멸하고 남북조 통일	
		인수 4	604 양제 즉위	
		의녕 2	618 양제 살해당함, 수 멸망	
당 (618~907)		무덕 1	618 이연(고조) 즉위, 당 성립	
		무덕 9	626 현무문의 변, 태종 즉위(재위~649, 정관의 치)	
		재초 1	690 측천무후 즉위, 국호를 주(周)로 함	
		신룡 1	705 중종 복위, 당 부활	
		연화 1	712 현종 즉위(재위~756, 개원의 치)	
		천보 14	755 안사의 난 발발(~763)	
		정원 8	792 환관 세력 강화, 당 쇠퇴 가속	
		건부 2	875 황소의 난 발발	
오대십국 (五代十國) 시대 (907~960)		개평 1	907 주전충, 당을 멸하고 후량 세움(~923) 오대십국 시대 시작	
		동광 1	923 후량 멸망, 후당 성립(~936)	
		천복 1	936 후당 멸망, 후진 성립(~946) 거란족에 연운 16주 할양	
		개운 3	946 거란, 후진을 멸하고 국명을 요로 고침	
		천복 12	947 후진 멸망, 후한 성립	
		광순 1	951 후한 멸망, 후주 성립	
송 (960~ 1279)	북송 (960~ 1127)	건륭 1	960 조광윤(태조), 후주를 멸하고 북송을 세움	
		개보 5	972 과거제 정비, 전시(殿試) 개설	
		경덕 1	1004 북송, 거란족의 요와 전연에서 맹약 체결	
		보원 1	1038 탕구트족, 감주에 서하 세움	
		경력 4	1044 북송, 서하와 화친 조약 체결	
		희녕 2	1069 왕안석의 신법 시행, 구법당과 신법당의 대립 격화	
		정화 5	1115 여진족의 금 성립(~1234)	
		선화 7	1125 금, 요를 멸함	
		정강 1	1126 금 군대, 북송 수도 개봉을 제압	
		정강 2	1127 북송 멸망	

	남송 (1127~ 1279)	건염 1 소흥 8 소흥 11 소흥 12 개희 2 보경 3 단평 1 순우 4 함순 7	1127 고종 즉위, 남송 성립 1138 남송, 임안(항주)를 수도로 정함 1141 진회, 악비를 죽임 1142 남송, 금과 화친을 맺고 신하의 예를 취함 1206 칭기즈 칸, 몽골 전 부족을 통합 1227 칭기즈 칸, 서하를 멸하고 귀환하던 중 사망 1234 몽골, 금을 멸함 1244 야율초재 사망 1271 몽골의 쿠빌라이, 국호를 원(元)으로 고침
원 (1279~1368)		지원 16 치화 1 지원 3 지정 11 지정 16	1279 쿠빌라이, 남송을 멸하고 중국 전역 통일 1328 원, 내분으로 혼란 1337 각지에서 반란 발발 1351 홍건의 난 발발 1356 주원장, 남경을 제압
명 (1368~1644)		홍무 1 홍무 31 건문 1 건문 4 영락 19 선덕 10 홍치 18 정덕 11 융경 6 만력 11 만력 44 태창 1 천계 6 천계 7 숭정 9 숭정 16 숭정 17	1368 주원장(홍무제), 남경에서 즉위 원 멸망, 명 성립 1398 홍무제 사망, 손자 건문제 즉위 1399 연왕 주체, 북평(북경)에서 거병(정난의 변) 1402 연왕, 남경을 제압하고 즉위(영락제) 1421 영락제, 북평으로 천도(북경으로 개칭) 1435 정통제 즉위(재위~1449), 환관의 전횡 시작 1505 정덕제 즉위(재위~1521), 각지에서 빈번한 반란 1516 왕양명, 강서·복건의 반란 진압 1572 만력제 즉위(재위~1620) 1583 누르하치, 만주(여진족)의 통일을 도모 1616 누르하치, 후금 건국 1620 천계제 즉위(재위~1627), 환관 위충현의 전횡 1626 위충현, 동림당 지식인 탄압 1627 숭정제 즉위(재위~1644). 위충현, 체포되어 자살 1636 홍타이지, 국호를 후금에서 청으로 개칭 1643 청 순치제 즉위(재위~1661) 1644 이자성, 북경 제압. 숭정제 자살(명 멸망)
청 (1644~1911)		순치 1 순치 18 강희 1 강희 12 강희 61	1644 청 군대, 북경에 입성하여 중국 지배 개시 1661 강희제 즉위(재위~1722) 1662 남명 정권 전멸, 청의 완전한 중국 지배 시작 1673 삼번의 난 발발(~1681) 1722 강희제 사망, 옹정제 즉위(재위~1735)

	옹정 13	1735 옹정제 사망, 건륭제 즉위(재위~1796)
	건륭 28	1763 『홍루몽』의 저자 조설근 사망
	도광 20	1840 아편 전쟁 시작(~1842)
	도광 30	1850 함풍제 즉위(재위~1864). 태평천국의 난 시작 (~1864)
	함풍 11	1861 함풍제 사망, 서태후 아들 동치제 즉위(재위 ~1874)
	동치 13	1874 동치제 사망, 광서제 즉위(재위~1908)
	광서 7	1881 서태후, 권력을 완전히 장악
	광서 21	1895 청일전쟁 패배. 개혁파의 변법 운동 시작
	광서 24	1898 서태후, 개혁파 일소
	광서 26	1900 의화단, 북경에 들어옴. 청, 열강에 선전포고. 8개국 연합군 북경에 들어오자. 서태후 등은 북경 탈출
	광서 27	1901 신축 조약 체결, 서태후 등 북경으로 돌아옴
	광서 31	1905 쑨원(손문), 도쿄에서 중국혁명동맹회 결성
	광서 34	1908 광서제와 서태후 사망, 선통제 즉의
	선통 3	1911 신해혁명, 청 왕조 멸망
중화민국 (1912~1949)		1912 중화민국 남경 임시정부 성립. 쑨원, 임시 대통령에 취임 1914 쑨원, 도쿄에서 중화혁명당(훗날의 중국국민당) 결성 1921 쑨원, 광동 정부 비상 대통령에 취임. 중국공산당 성립 1925 쑨원 사망 1926 중국국민당 지도자가 된 장제스(장개석), 북벌 개시 1935 마오쩌둥(모택동), 중국공산당의 주도권 장악 1937 루거우차오(노구교) 사건, 중일 전쟁 시작 1945 일본, 포츠담 선언 수락(연합군에 무조건 항복) 1946 국공(중국국민당과 중국공산당), 전면적 내전 돌입
중화인민공화국 (1949~)		1949 중화인민공화국 성립

참고문헌

◆일반서◆
『노자(老子)』 중국고전선(中國古典選), 아사히신문사(朝日新聞社)
『논어(論語)』 이와나미문고(岩波文庫)
　　　　　　중국고전선, 아사히신문사
　　　　　　지쿠마문고(ちくま文庫)
『당대전기집(唐代傳奇集)』 이와나미문고(상하)
『루쉰평론집(魯迅評論集)』 이와나미문고
『맹자(孟子)』 이와나미문고(상하)
『사기(史記)』 지쿠마학예문고(1~8)
『사기세가(史記世家)』 이와나미문고(상중하)
『사기열전(史記列傳)』 이와나미문고(1~5)
『삼국지(三國志)』 지쿠마학예문고(1~8)
『삼국지실록(三國志實錄)』 지쿠마학예문고
『삼국지연의(三國志演義)』 지쿠마문고(1~7)
『세설신어(世說新語)』 세계문학대계(世界文學大系) 71, 지쿠마쇼보(ちくま書房)
　　　　　　감상 중국의 고전(鑑賞中國の古典) 14, 가도카와서점
　　　　　　(角川書店)
『손자(孫子)』 이와나미문고
『순자(荀子)』 이와나미문고(상하)
『십팔사략(十八史略)』 신석한문대계(新釋漢文大系)(상중하),
　　　　　　메이지쇼인(明治書院)
『완적의「영회시」에 대하여(阮籍の「永懷詩」について)』 이와나미문고
『왕양명집(王陽明集)』 중국문명선(中國文明選) 6, 아사히신문사
『장자(莊子)』 이와나미문고(1~4)
『주자집(朱子集)』 중국문명선 1, 아사히신문사
『춘추좌씨전(春秋左氏傳)』 이와나미문고(상중하)
『한비자(韓非子)』 이와나미문고(1~4)

『한서(漢書)』지쿠마문고(1-8)
『홍루몽(紅樓夢)』이와나미문고(1-12)
『후한서(後漢書)』이와나미문고(1-7, 이하 속간)

◆시집(개인)◆
도연명(陶淵明) 중국시인선집(中國詩人選集) 4『도연명』이와나미서점
 이와나미문고『도연명전집(陶淵明全集)』(상하)
두목(杜牧) 한시대계(漢詩大系) 14, 슈에이샤(集英社)
두보(杜甫) 중국시인선집 9·10『두보』이와나미서점
 이와나미문고『두시(杜詩)』(1-8)
백거이(白居易) 중국시인선집 12·13『백거이』이와나미서점
소식(蘇軾) 중국시인선집 2집 5·6『소식』이와나미서점
 이와나미문고『소동파시선(蘇東坡詩選)』
왕안석(王安石) 중국시인선집 2집 4『왕안석』이와나미서점
왕유(王維) 중국시인선집 6『왕유』이와나미서점
 이와나미문고『왕유시집』
원호문(元好問) 중국시인선집 2집 9『원호문』이와나미서점
이백(李白) 중국시인선집 7·8『이백』이와나미서점
 이와나미문고『이백시선(李白詩選)』
 세계고전문학전집(世界古典文學全集) 27『이백』지쿠마쇼보
이상은(李商隱) 중국시인선집 15『이상은』이와나미서점
이하(李賀) 중국시인선집 14『이하』이와나미서점
 이와나미문고『이장길가시집(李長吉歌詩集)』
황준헌(黃遵憲) 중국시인선집 2집 15『황준헌』이와나미서점

◆시집(선집)◆
『당시삼백수(唐詩三百首)』도요문고(東洋文庫), 헤이본샤(平凡社)
『당시선(唐詩選)』이와나미문고(상중하)
『삼체시(三體詩)』중국고전선, 아사히신문사
『시경(詩經)』한시대계 1·2, 슈에이샤

『시경국풍(詩經國風)』중국시인선집 1·2, 이와나미서점
　　　　　　도요문고, 헤이본샤
『시경아송(詩經雅頌)』도요문고, 헤이본샤
『신당시선(新唐詩選)』이와나미신서(岩波新書)
『신당시선속편(新唐詩選續編)』이와나미신서
『중국명시선(中國名詩選)』이와나미문고(상중하)
『초사(楚辭)』이와나미문고
　　　　한시대계 3, 슈에이샤

고사성어 색인 *괄호 < > 안은 출전을 나타낸다

<ㄱ>
- 가빈사양처 국난사양상(家貧思良妻, 國亂思良相)
  <『사기(史記)』「위세가(魏世家)」>　　　　　　　　　　　　　　　　77
- 감조지계(減竈之計) <『사기』「손자오기열전(孫子吳起列傳)」>　　　80
- 강남제일풍류재자(江南第一風流才子) <『명사의고(明史擬稿)』>　　281
- 강의목눌(剛毅木訥) <『논어(論語)』「자로(子路)」>　　　　　　　　69
- 거열(車裂) <『사기』「상군열전(商君列傳)」>　　　　　　　　　　　96
- 걸주(桀紂) <『맹자(孟子)』「이루(離婁)」상>　　　　　　　　　　　19
- 격물치지(格物致知) <『대학(大學)』>　　　　　　　　　　　　　　260
- 견일반 지전표(見一斑, 知全豹) <『세설신어(世說新語)』「방정(方正)」>　208
- 경국지색(傾國之色) <『한서(漢書)』「외척전(外戚傳)」>　　　　　149
- 계륵(鷄肋) <『삼국지(三國志)』「위서·무제기(魏書·武帝紀)」주에서 인용한
  『구주춘추(九州春秋)』>　　　　　　　　　　　　　　　　　　　181
- 계명구도(鷄鳴狗盜) <『사기』「맹상군열전(孟嘗君列傳)」>　　　　108
- 고복격양(鼓腹擊壤) <『십팔사략(十八史略)』>　　　　　　　　　　8
- 고희(古稀) <두보(杜甫), 「곡강(曲江)」>　　　　　　　　　　　　236
- 곡수유상(曲水流觴) <왕희지(王羲之), 「난정서(蘭亭序)」>　　　　207
- 곡유오 주랑고(曲有誤, 周郎顧)
  <『삼국지』「오서·주유전(吳書·周瑜傳)」>　　　　　　　　　　177
- 곡학아세(曲學阿世) <『사기』「유림열전(儒林列傳)」>　　　　　　146
- 과하지욕(袴下之辱) <『사기』「회음후열전(淮陰侯列傳)」>　　　　138
- 관중규표(管中窺豹) <『진서(晉書)』「왕헌지전(王獻之傳)」>　　　208
- 관포지교(管鮑之交) <『사기』「관안열전(管晏列傳)」>　　　　　　40
- 교언영색(巧言令色) <『논어』「학이(學而)」>　　　　　　　　　　69
- 교토사 양구팽, 고조진 양궁장, 적국파 모신망(狡兔死, 良狗烹. 高鳥盡, 良弓藏.
  敵國破, 謀臣亡) <『사기』「회음후열전」>　　　　　　　　　　142
- 구밀복검(口蜜腹劍) <『자치통감(資治通鑑)』「당기(唐紀)」31>　233
- 구우일모(九牛一毛)

고사성어 색인　311

- 〈사마천(司馬遷),「보임소경서(報任少卿書, 임소경에게 주는 편지)」〉 ... 151
- 구의 오불부몽견주공(久矣, 吾不復夢見周公!) 〈『논어』「술이(述而)」〉 ... 31
- 국가불행시가행(國家不幸詩家幸) 〈조익(趙翼),「제유산(題遺山)」〉 ... 263
- 국가흥망 필부유책(國家興亡, 匹夫有責)
  〈고염무(顧炎武),『일지록(日知錄)』〉 ... 288
- 국사무쌍(國士無雙) 〈『사기』「회음후열전」〉 ... 138
- 국파산하재(國破山河在) 〈두보,「춘망(春望)」〉 ... 235
- 군계일학(群鷄一鶴) 〈『세설신어』「용지(容止)」〉 ... 199
- 군자교절 불출악성, 충신거국 불결기명(君子交絶, 不出惡聲. 忠臣去國, 不潔其名) 〈『사기』「악의열전(樂毅列傳)」〉 ... 92
- 궁즉독선기신 달즉겸선천하(窮則獨善其身, 達則兼善天下)
  〈『맹자』「진심(盡心)」상〉 ... 86
- 권군갱진일배주(勸君更進一杯酒) 〈왕유(王維),「송원이사안서(送元二使安西)」〉 237
- 권토중래(捲土重來) 〈두목(杜牧),「제오강정(題烏江亭)」〉 ... 247
- 기호지세(騎虎之勢) 〈『수서(隋書)』「독고황후전(獨孤皇后傳)」〉 ... 221
- 기화가거(奇貨可居) 〈『사기』「여불위열전(呂不韋列傳)」〉 ... 113
- 갱유(坑儒) 〈『사기』「진시황본기」〉 ... 128

<ㄴ>

- 낙양지귀(洛陽紙貴) 〈『진서』「좌사전(左思傳)」〉 ... 201
- 남가일몽(南柯一夢) 〈이공좌(李公佐),『남가태수전(南柯太守傳)』〉 ... 240
- 남풍불경(南風不競) 〈『춘추좌씨전(春秋左氏傳)』양공(襄公) 18년〉 ... 207
- 노발충관(怒髮衝冠) 〈『사기』「염파인상여열전(廉頗藺相如列傳)」〉 ... 111
- 능서불택필(能書不擇筆) 〈왕긍당(王肯堂),『필진(筆塵)』〉 ... 227

<ㄷ>

- 단발문신(斷髮文身) 〈『사기』「주본기(周本紀)」〉 ... 23
- 대기만성(大器晩成) 〈『후한서(後漢書)』「마원전(馬援傳)」〉 ... 157
- 도로이목(道路以目) 〈『사기』「주본기」〉 ... 32
- 도불습유(道不拾遺) 〈『사기』「상군열전」〉 ... 94
- 도원결의(桃園結義) 〈『삼국지연의(三國志演義)』〉 ... 173

- 돌돌괴사(咄咄怪事) 〈『세설신어』「출면(黜免)」〉　　212
- 동상(東床) 〈『세설신어』「아량(雅量)」〉　　205
- 득롱망촉(得隴望蜀) 〈『후한서』「잠팽전(岑彭傳)」〉　　156
- 등용문(登龍門) 〈『후한서』「이응전(李膺傳)」〉　　168

<ㅁ>

- 만지황당언 일파신산루(滿紙荒唐言, 一把辛酸淚) 〈조설근,『홍루몽(紅樓夢)』〉　291
- 맥수지탄(麥秀之嘆) 〈『사기』「송미자세가(宋微子世家)」〉　　21
- 맹모삼천(孟母三遷) 〈『열녀전(列女傳)』모의(母儀), 「추맹가모전(鄒孟軻母傳)」〉　84
- 무릉도원(武陵桃源) 〈도연명,「도화원기(桃花源記)」〉　　219
- 무위자연(無爲自然) 〈『노자(老子)』〉　　104
- 묵수(墨守) 〈『전국책(戰國策)』「제책(齊策)」〉　　71
- 문경지교(刎頸之交) 〈『사기』「염파인상여열전」〉　　111
- 문정경중(問鼎輕重) 〈『사기』「초세가(楚世家)」〉　　50
- 미관중 오기피발좌임의(微管仲, 吾其被髮左衽矣) 〈『논어』「헌문(憲問)」〉　　42
- 미우 오기어호(微禹, 吾其魚乎!) 〈『춘추좌씨전』소공(昭公) 원년〉　　11
- 미인향초(美人香草) 〈『초사(楚辭)』「이소(離騷)」〉　　103

<ㅂ>

- 방민지구 심우방천(防民之口, 甚于防川) 〈『사기』「주본기」〉　　32
- 배수진(背水陣) 〈『사기』「회음후열전」〉　　139
- 백가쟁명(百家爭鳴) 〈마오쩌둥,「인민 내부의 모순을 정확하게 처리하는 문제에 대하여」8〉　　106
- 백발삼천장(白髮三千丈) 〈이백,「추포가(秋浦歌)」〉　　236
- 백안시(白眼視) 〈『진서』「완적전(阮籍傳)」〉　　190
- 백약지장(百藥之長) 〈『한서』「식화지(食貨志)」〉　　153
- 법삼장(法三章) 〈『사기』「고조본기(高祖本紀)」〉　　135
- 복수불반분(覆水不返盆) 〈『야객총서(野客叢書)』〉　　26
- 분서갱유(焚書坑儒) 〈『사기』「진시황본기(秦始皇本紀)」〉　　128
- 불능위오두미절요 향향리소인(不能爲五斗米折腰, 向鄕里小人!) 〈『송서(宋書)』「도연명전(陶淵明傳)」〉　　217

- 불비불명(不飛不鳴) 〈『사기』「초세가」〉　49
- 불식주속(不食周粟) 〈『사기』「백이숙제열전(伯夷叔齊列傳)」〉　28
- 불입호혈 부득호자(不入虎穴, 不得虎子) 〈『후한서』「반초전(班超傳)」〉　160
- 불혹(不惑) 〈『논어』「위정(爲政)」〉　65
- 비육지탄(髀肉之嘆) 〈『삼국지』「촉서·선주전(蜀書·先主傳)」주에서 인용한 『구주춘추』〉　174

<ㅅ>
- 사공명 주생중달(死孔明, 走生仲達) 〈『삼국지』「촉서·제갈량전(蜀書·諸葛亮傳)」주에서 인용한 『한진춘추(漢晉春秋)』〉　186
- 사마소지심(司馬昭之心) 〈『삼국지』「위서·고귀향공모기(魏書·高貴鄕公髦紀)」주에서 인용한 『한진춘추』〉　187
- 사면초가(四面楚歌) 〈『사기』「항우본기(項羽本紀)」〉　140
- 사위지기자사(士爲知己者死) 〈『사기』「자객열전(刺客列傳)」〉　74
- 삼고초려(三顧草廬)·삼고지례(三顧之禮) 〈『삼국지』「촉서·제갈량전」〉　174
- 상가지구(喪家之拘) 〈『사기』「공자세가(孔子世家)」〉　67
- 서리지탄(黍離之嘆) 〈『시경(詩經)』왕풍,「서리(黍離)」〉　36
- 석양무한호 지시근황혼(夕陽無限好, 只是近黃昏)
  〈이상은,「등낙유원(登樂遊原)」〉　246
- 선양방벌(禪讓放伐)
  〈『후한서』「고봉전(高鳳傳)」의 논,『맹자』「양혜왕(梁惠王)」하〉　13
- 선종외시(先從隗始) 〈『사기』「연소공세가(燕召公世家)」〉　90
- 성수자지명(成竪子之名) 〈『사기』「손자오기열전」〉　81
- 송양지인(宋襄之仁) 〈『십팔사략』〉　53
- 수석침류(漱石枕流) 〈『세설신어』「배조(排調)」〉　197
- 수신 제가 치국 평천하(修身, 齊家, 治國, 平天下) 〈『대학』〉　261
- 수어지교(水魚之交) 〈『삼국지』「촉서·제갈량전」〉　176
- 수자부족여모(竪子不足與謀) 〈『사기』「항우본기」〉　136
- 수지청즉무어(水至淸則無魚) 〈『후한서』「반초전」〉　162
- 수청무대어(水淸無大魚) 〈『후한서』「반초전」〉　162
- 순망치한(脣亡齒寒) 〈『자치통감』「주기(周紀)」1(원전은『춘추좌씨전』희공5년)〉74

- 시오설(舐吾舌) 〈『사기』「장의열전(張儀列傳)」〉 99
- 신상필벌(信賞必罰) 〈『한서』「예문지(藝文志)」〉 185

<ㅇ>
- 안서(雁書) 〈『한서』「소무전(蘇武傳)」〉 150
- 약롱중물(藥籠中物) 〈『구당서(舊唐書)』「원행충전(元行沖傳)」〉 230
- 양산박(梁山泊) 〈『수호전(水滸傳)』〉 255
- 양상군자(梁上君子) 〈『후한서』「진식전(陳寔傳)」〉 167
- 역린(逆鱗) 〈『한비자(韓非子)』「세난(說難)」〉 88
- 연작안지홍곡지지(燕雀安知鴻鵠之志) 〈『사기』「진섭세가(陳涉世家)」〉 133
- 영위계구 무위우후(寧爲鷄口, 無爲牛後) 〈『사기』「소진열전(蘇秦列傳)」〉 97
- 오십보백보(五十步百步) 〈『맹자』「양혜왕」상〉 85
- 오월동주(吳越同舟) 〈『손자(孫子)』「구지(九地)」〉 60
- 오하아몽(吳下阿蒙) 〈『삼국지』「오서·여몽전(吳書·呂蒙傳)」주에서 인용한 『강표전(江表傳)』〉 183
- 옥상가옥(屋上架屋) 〈『세설신어』「문학(文學)」〉 201
- 와신상담(臥薪嘗膽) 〈『십팔사략』〉 57
- 완벽(完璧) 〈『사기』「염파인상여열전」〉 111
- 완적흉중루괴(阮籍胸中壘塊) 〈『세설신어』「임탄(任誕)」〉 191
- 왕후장상 영유종호(王侯將相, 寧有種乎!) 〈『사기』「진섭세가」〉 134
- 요순지절(堯舜之節) 〈『맹자』「등문공(滕文公)」상〉 10
- 우공이산(愚公移山) 〈『열자(列子)』「탕문(湯問)」〉 297
- 우석촌음(禹惜寸陰) 〈『진서』「도간전(陶侃傳)」〉 11
- 우혜우혜내약하(虞兮虞兮乃若何!) 〈『사기』「항우본기」〉 141
- 욱욱호문재(郁郁乎文哉!) 〈『논어』「팔일(八佾)」〉 31
- 운용지묘 존호일심(運用之妙, 存乎一心) 〈『송사(宋史)』「악비전(岳飛傳)」〉 258
- 원입골수(怨入骨髓) 〈『사기』「진본기(秦本紀)」〉 55
- 은감불원(殷鑑不遠) 〈『시경(詩經)』「대아·탕(大雅·蕩)」〉 21
- 읍참마속(泣斬馬謖) 〈『삼국지』「촉서·마속전(蜀書·馬謖傳)」〉 185
- 응접불가(應接不暇) 〈『세설신어』「언어(言語)」〉 209
- 이립(而立) 〈『논어』「위정」〉 65

- 이순(耳順) 〈『논어』「위정」〉 65
- 이포역포(以暴易暴) 〈『사기』「백이숙제열전」〉 28
- 인생감의기 공명수부론(人生感意氣, 功名誰復論) 〈위징,「술회(述懷)」〉 226
- 인생칠십고래희(人生七十古來稀) 〈두보,「곡강」〉 235
- 인지성악 기선자위야(人之性惡, 其善者僞也) 〈『순자(荀子)』「성악(性惡)」〉 87
- 일각천금(一刻千金) 〈소동파,「춘야(春夜)」〉 254
- 일단사 일표음(一簞食, 一瓢飮) 〈『논어』「옹야(雍也)」〉 68
- 일망타진(一網打盡) 〈위태(魏泰),「동헌필록(東軒筆錄)」〉 250
- 일자천금(一字千金) 〈『사기』「여불위열전」〉 119
- 일장공성만골고(一將功成萬骨枯) 〈조송(曹松),「기해세시(己亥歲詩)」〉 244

<ㅈ>
- 장안유남아 이십심이후(長安有男兒, 二十心已朽) 〈이하,「증진상(贈陳商)」〉 242
- 장협귀래호(長鋏歸來乎) 〈『사기』「맹상군열전」〉 109
- 전거복철(前車覆轍) 〈『한서』「가의전 賈誼傳」〉 144
- 전국칠웅(戰國七雄) 〈반고,「답빈희(答賓戱)」〉 75
- 정저지와(井底之蛙) 〈『후한서』「마원전」〉 155
- 제기자 필용양공 수성자 필용유신(制器者, 必用良工. 守成者, 必用儒臣) 〈『원사(元史)』「야율초재전(耶律楚材傳)」〉 270
- 제자백가(諸子百家) 〈『한서』「예문지」〉 83
- 제환진문(齊桓晉文) 〈『맹자』「양혜왕」상〉 47
- 종심(從心) 〈『논어』「위정」〉 65
- 좌단(左袒) 〈『사기』「여후본기(呂后本紀)」〉 143
- 주지육림(酒池肉林) 〈『사기』「은본기(殷本紀)」〉 16
- 죽림칠현(竹林七賢) 〈『세설신어』「임탄」〉 187
- 죽마고우(竹馬故友) 〈『세설신어』「품조(品藻)」〉 212
- 지남거(指南車) 〈『십팔사략(十八史略)』〉 7
- 지록위마(指鹿爲馬) 〈『사기』「진시황본기」〉 132
- 지천명(知天命) 〈『논어』「위정」〉 15
- 지피지기 백전불태(知彼知己, 百戰不殆) 〈『손자』「모공(謀功)」〉 79
- 지학(志學) 〈『논어』「위정」〉 65

- 지행합일(知行合一) 〈왕양명, 『전습록(傳習錄)』 상〉 282
- 직하학사(稷下學士) 〈『사기』 「전경중세가(田敬仲世家)」〉 82

<ㅊ>
- 차철위주소식 상치여차, 황인지오장 유불손야(此鐵爲酒所蝕, 尙致如此. 況人之五臟, 有不損耶?) 〈『원조명신사략(元朝名臣史略)』〉 272
- 창업이 수성난(創業易, 守成難) 〈『정관정요(貞觀政要)』「논군도(論君道)」〉 225
- 채국동리하 유연견남산(采菊東籬下, 悠然見南山)
  〈도연명, 「음주(飮酒) 20수」〉 218
- 채미가(采薇歌) 〈『사기』「백이열전(伯夷列傳)」〉 28
- 채후지(蔡侯紙) 〈『후한서』「채륜전(蔡倫傳)」〉 164
- 천상여!(天喪予!) 〈『논어』「선진(先進)」〉 68
- 천지 지지 아지 자지(天知, 地知, 我知, 子知) 〈『후한서』「양진전(楊震傳)」〉 166
- 천하삼분지계(天下三分之計) 〈『삼국지』「촉서・제갈량전」〉 180
- 청담(淸談) 〈『후한서』「정태전(鄭太傳)」〉 188
- 청류파(淸流派) 〈『삼국지』「위서・진군전(魏書・陳群傳)」〉 167
- 춘면불교효(春眠不覺曉) 〈맹호연, 「춘효(春曉)」〉 237
- 춘소일각 치천금(春宵一刻値千金) 〈소식(蘇軾) 「춘야(春夜)」〉 254
- 춘인추사분만지(春蚓秋蛇紛滿紙) 〈황준헌, 『일본잡사시(日本雜事詩)』〉 295
- 춘추오패(春秋五霸) 〈『맹자』「고자(告子)」하 주석〉 38
- 치세지능신 난세지간웅(治世之能臣, 亂世之奸雄)
  〈『삼국지』「위서・무제기」 주에서 인용한 『이동잡어(異同雜語)』〉 171

<ㅌ>
- 태공망(太公望) 〈『사기』「제태공세가(齊太公世家)」〉 25
- 태산불사토양(泰山不辭土壤) 〈『사기』「이사열전(李斯列傳)」〉 127
- 토목형해(土木形骸) 〈『세설신어』「용지」〉 192
- 토사구팽(兎死狗烹) 〈『사기』「월왕구천세가(越王句踐世家)」〉 61
- 퇴고(推敲) 〈가도, 「제이응유거(題李凝幽居)」〉 242
- 퇴피삼사(退避三舍) 〈『춘추좌씨전』 희공 23년〉 46

<ㅍ>
· 파산중적이 파심중적난(破山中賊易, 破心中賊難)
  <왕양명, 「여양사덕설상겸서(與楊仕德薛尙謙書)」> 283
· 파죽지세(破竹之勢) <『진서』「두예전(杜預傳)」> 195
· 패군지장불어병(敗軍之將不語兵) <『사기』「회음후열전」> 139
· 포락지형(炮烙之刑) <『사기』「은본기」> 18
· 포호빙하(暴虎馮河) <『논어』「술이」> 69
· 표사유피 인사유명(豹死留皮, 人死留名)
  <『신오대사(新五代史)』「왕언장전(王彦章傳)」> 248
· 풍성학려(風聲鶴唳) <『진서』「사현전(謝玄傳)」> 213
· 풍소소혜역수한 장사일거혜불복환
  (風蕭蕭兮易水寒 壯士一去兮不復還) <『사기』「자객열전」> 122
· 편시(鞭屍) <『사기』「오자서열전(伍子胥列傳)」> 57

<ㅎ>
· 한단지몽(邯鄲之夢) <심기제(沈旣濟), 『침중기(枕中記)』> 240
· 합종연횡(合從連衡) <『사기』「소진열전」,「장의열전」> 97
· 해어화(解語花) <왕인유, 『개원천보유사(開元天寶遺事)』> 232
· 형설지공(螢雪之功)
  <『몽구(蒙求)』「손강영설(孫康映雪)」,「차윤취형(車胤聚螢)」> 215
· 호복기사(胡服騎射) <『사기』「조세가(趙世家)」> 90
· 호접몽(胡蝶夢) <『장자(莊子)』「제물론(齊物論)」> 105
· 홍문지회(鴻門之會) <『사기』「항우본기」> 136
· 홍일점(紅一點) <왕안석, 「석류시(石榴詩)」> 253
· 화룡점정(畵龍點睛) <장언원, 『역대명화기(歷代名畫記)』> 210
· 확삭재시옹야(矍鑠哉是翁也!) <『후한서』「마원전」> 158
· 횡삭부시(橫槊賦詩) <소동파, 「적벽부(赤壁賦)」> 178
· 효빈(效顰) <『장자』「천운(天運)」> 59
· 흥일리 불약제일해(興一利, 不若除一害)
  <『원사(元史)』「야율초재전(耶律楚材傳)」> 271

고사성어를 알면 중국사가 보인다

개정판 1쇄 인쇄 2025년 4월 25일
개정판 1쇄 발행 2025년 4월 30일

저자 : 이나미 리쓰코
번역 : 이동철, 박은희

펴낸이 : 이동섭
편집 : 이민규
디자인 : 조세연
기획·편집 : 송정환, 박소진
영업·마케팅 : 조정훈, 김려홍
e-BOOK : 홍인표, 최정수, 김은혜, 정희철, 김유빈
라이츠 : 서찬웅, 서유림
관리 : 이윤미

㈜에이케이커뮤니케이션즈
등록 1996년 7월 9일(제302-1996-00026호)
주소 : 08513 서울특별시 금천구 디지털로 178, B동 1805호
TEL : 02-702-7963~5 FAX : 0303-3440-2024
http://www.amusementkorea.co.kr

ISBN 979-11-274-8830-7 04910
ISBN 979-11-7024-600-8 04080

KOJISEIKU DE TADORU TANOSHII CHUGOKUSHI
by Ritsuko Inami
Copyright © 2004 by Ryoichi Inami
Originally published in 2004 by Iwanami Shoten, Publishers, Tokyo
This Korean print edition published in 2025
by AK Communications, Inc., Seoul
by arrangement with Iwanami Shoten, Publishers, Tokyo

이 책의 한국어판 저작권은 일본 IWANAMI SHOTEN과의 독점계약으로
㈜에이케이커뮤니케이션즈에 있습니다.
저작권법에 의해 한국 내에서 보호를 받는 저작물이므로 무단전재와 무단복제를 금합니다.

*잘못된 책은 구입한 곳에서 무료로 바꿔드립니다.